SCIENCE
THÉORIQUE ET PRATIQUE
DU PLAIN-CHANT
ET DE LA PSALMODIE

A L'USAGE DES SÉMINAIRES

PAR

L'ABBÉ ALFRED DUFAY

PRÊTRE DU DIOCÈSE DE BEAUVAIS
ANCIEN MAÎTRE DE CHŒUR
AU SÉMINAIRE DE SAINT-SULPICE, A PARIS
Membre du Congrès pour la Restauration du Chant sacré

> Psalmodiæ ministerium adcumque fideliter
> intentaque mente exsequitur, nusquam
> modo Angelis sociatur.
> (S. Isidore.)

PARIS
E. REPOS, LIBRAIRE-ÉDITEUR
DES JOURNAUX
LE PLAIN-CHANT ET *LA PAROISSE*,
DE LIVRES LITURGIQUES
DE CHANT ROMAIN ET DE MUSIQUE SACRÉE
70, RUE BONAPARTE, 70

LIBRAIRIE DE E. REPOS, ÉDITEUR,
70, RUE BONAPARTE, PARIS.

Nota : Tous ces ouvrages sont à prix *nets*, rendus *franc de port*, à moins d'avis contraire; en adressant un bon sur la poste, par lettre affranchie.

A B C du Plain-Chant, à l'usage des petits enfants, nouvelle édition, revue et corrigée, in-18; 20 c. . . . . » 25

Méthode populaire du Plain-Chant, suivie d'un petit *Traité de Psalmodie*, in-18; 50 cent. . . . . » 60

Méthode de Plain-Chant, par M. l'abbé Aubert, organiste, accompagnée de 15 grands Tableaux : la Méthode et les Tableaux. 6 70

Science théorique et pratique du Plain-Chant et de la Psalmodie, à l'usage des séminaristes; par l'abbé Dufay, curé et ancien maître de chœur du grand séminaire de St-Sulpice, à Paris ; 1 v. in-12. 2 »

Nouveau Traité élémentaire de Plain-Chant, éd. augmentée de 12 Tableaux, suivi d'un Questionnaire; par A. de La Fage, 1 v. in-8. . 2 »

Cours complet de Plain-Chant, ou Traité méthodique et raisonné du Chant liturgique de l'Église latine, à l'usage de tous les diocèses; par Ad. de La Fage, 2 in-8. . . . . 10 »

Dictionnaire historique, liturgique et théologique de Plain-Chant et de Musique au moyen-âge et dans les temps modernes; par J. d'Ortigue; 1 vol. gr. in-8 jésus de 1,600 colonnes, 8 fr. *franco*. 10 »

Accompagnement du Plain-Chant sur l'orgue, enseigné en quelques lignes de musique sans le secours d'aucune notion d'harmonie; par M. Th. Nisard; 1 vol. gr. in-8 glacé. 7 50

Les vrais principes d'accompagnement de Plain-Chant sur l'orgue, d'après les maîtres des xve et xvie siècles; par M. Nisard; 1 vol. gr. in-8 glacé. 7 50

Traité théorique et pratique d'Accompagnement du Plain-Chant, par MM. Niedermayer et d'Ortigue; 1 vol. jésus glacé. . . 7 50

Méthode pour la formation des Chœurs et des Maîtrises ou *Guide théorique et pratique pour la restauration du chant d'Église et du chant populaire*; par M. Schmitt, organiste du grand orgue de Saint-Sulpice; 1 beau vol. gr. in-8 jésus glacé. . . . . . 6 »

L'Art de préluder pendant l'Office divin, ou *l'Orgue moderne*; par M. G. Schmitt, organiste du grand orgue de Saint-Sulpice, maître de chapelle de S. M. la reine d'Espagne; 1 beau v. in-8 glacé. . 6 »

Traité complet de Modulations *à l'usage des Organistes, des Maîtres de Chapelles, etc.*; par Georges Schmitt; 1 vol. in-8. . 3 »

Méthode élémentaire d'Orgue d'église, d'orgue expressif ou d'harmonium, suivie d'*Exemples* et d'*Études* faciles à exécuter, mis à la portée de toutes les intelligences; par M. Schmitt; 1 v. in-8°. 3 »

Messe de Dumont, à quatre voix avec accompagnement d'orgue; du *répertoire de Saint-Sulpice*; par M. Schmitt; grand in-8 jésus. . 2 »

Le Trésor de l'Organiste, 58 pièces de plain-chant les plus usuelles, avec accompagnement d'orgue, extraites de l'*Antiphonaire* et du *Graduel*, 2 vol. gr. in-8 jésus. 7 50

Passions de N.-S. J.-C., notées en plain-chant, tirées d'un manuscrit des Pères Célestins de Paris; par M. l'abbé Raillard; 1 vol. in-4 glacé, 3 fr. 50 ; relié. 5 50

65 Chants des hymnes réformées, avec accompag^t d'orgue d'une facile exécution, à l'usage de tous les diocèses qui suivent le rit romain, harmonisée, par *Ch. Pollet*; suivies de divers morceaux d'orgue, par *Haydn, Mozart, Meyerbeer, Sacchini, Eisenhofer, Méhul, Liszt, Palestrina,* l'abbé *Roze,* l'abbé *Moreau,* l'abbé *Jouve,* l'abbé *Charbonnier,* etc., 2 vol. gr. in-8 jésus. . . . . 10 »

SCIENCE

THÉORIQUE ET PRATIQUE

DU PLAIN-CHANT

ET DE LA PSALMODIE

A L'USAGE DES SÉMINAIRES

PAR

L'Abbé Alfred DUFAY

PRÊTRE DU DIOCÈSE DE BEAUVAIS
ANCIEN MAITRE DE CHŒUR
AU SÉMINAIRE DE SAINT-SULPICE, A PARIS
Membre du Congrès pour la Restauration du Chant sacré.

> Psalmodiæ ministerium quicumque fideliter
> intentaque mente exsequitur, quodam
> modo Angelis sociatur.
> (S. Isidor.)

PARIS

REPOS, LIBRAIRE-ÉDITEUR

DES JOURNAUX
LE *PLAIN CHANT* ET LA *PAROISSE*
DE LIVRES LITURGIQUES.
DE CHANT ROMAIN ET DE MUSIQUE SACRÉE
70, RUE BONAPARTE, 70

1861

IMPRIMÉ PAR CHARLES NOBLET,
18, RUE SOUFFLOT, 18.

AVERTISSEMENT.

L'ensemble des connaissances dont se compose la science ecclésiastique, étant si considérable et si varié, quelle que soit l'importance de l'étude du plain-chant, les jeunes ecclésiastiques, pendant leur séjour au séminaire, ne peuvent guères y consacrer qu'une heure ou deux par semaine ; de là la nécessité, si l'on veut arriver à quelques résultats satisfaisants, d'une Méthode de plain-chant, courte, simple et facile, à l'aide de laquelle. ceux-là mêmes, qui n'ont jamais été initiés au chant ecclésiastique, puissent acquérir, en peu de temps, cette partie des connaissances nécessaires à un prêtre.

Cette Méthode existe-t-elle? Jusqu'à présent, la plupart de celles que nous avons lues, nous ont paru ou trop incomplètes ou trop savantes et trop étendues. Les unes ne mènent à rien faute d'explications claires et suffisantes; les autres à cause de leurs longs détails historiques ou scientifiques, ne peuvent être étudiées que par ceux qui ont un temps considérable à y consacrer. C'est donc pour remédier à ces inconvénients que nous avons rédigé cette MÉTHODE THÉORIQUE ET PRATIQUE A L'USAGE DES SÉMINAIRES.

AVERTISSEMENT.

Nous savons, par une expérience déjà longue, que ceux de nos jeunes confrères qui seraient étrangers à la science du chant ecclésiastique, pourront facilement à l'aide de cette Méthode, se mettre en état de répondre à la plupart des questions qui pourraient leur être adressées sur cette science, et d'exécuter, à première vue, tout morceau de chant, de quelque rite qu'il soit.

On trouve à la fin du volume un Questionnaire détaillé dont l'usage peut être d'une fort grande utilité pour les professeurs et pour les élèves; chaque question y est suivie d'un numéro indiquant le n° du texte où se trouve la réponse.

PREMIÈRE PARTIE.

ÉCRITURE OU NOTATION DU PLAIN-CHANT.

CHAPITRE PREMIER.

Définition. — Origine du plain-chant.

DÉFINITION. — 1. Le *plain-chant*, que l'on appelle aussi *chant de chœur*, *chant ecclésiastique*, *chant grégorien*, ou encore *chant Romain*, est une mélodie grave du genre diatonique simple, c'est-à-dire, établie sur des gammes naturelles, sans accidents, et ainsi, procédant toujours par deux tons et un demi-ton, ou par trois tons et un demi-ton.

2. Le plain-chant (*de cantus planus*), chant à l'unisson, marchant sur un plan uni, s'appelle *chant de chœur* à cause du lieu où il s'exécute; *chant ecclésiastique* à cause de son emploi dans la célébration du culte catholique, et enfin *chant Grégorien, chant Romain*, parce qu'il a été composé, ou au moins recueilli et augmenté par saint Grégoire le Grand, et établi d'abord à Rome.

ORIGINE. — 3. C'est vers la fin du VIe siècle que le Pontife saint Grégoire voulant rendre au culte divin son ancienne splendeur, s'appliqua à l'amélioration du chant. Le système adopté dans le plain-chant est tiré du système de musique des Grecs, lequel était formé de petites échelles nommées, *tétracordes*, et d'une étendue de quatre sons, comme:

Mi, Fa, Sol, La.
Si, Ut, Ré, Mi.

L'échelle du chant Grégorien n'est autre chose, en effet, que l'union de deux tétracordes, formant une octave; et comme on le verra plus loin, elle est toujours composée de cinq tons et deux demi-tons, en montant et en descendant.

CHAPITRE SECOND.

Des signes du plain-chant.

4. Les signes dont on se sert pour écrire le plain-chant sont: 1° Les *notes*, les *lignes*, les *clefs*; 2° les *signes accidentels* (*bémol*, *dièse*, *bécarre*); 3° les *barres* et le *guidon*.

§ 1ᵉʳ. *Notes, — Lignes, — Clefs.*

5. **Notes.** Les notes sont les signes dont on se sert pour représenter les sons.

6. Elles sont ordinairement de quatre sortes :

1° *La note carrée* sans queue
qui vaut   1

2° *La note brève* ou *losange*
qui vaut $1/2$ ou $1/4$, selon sa position.

3° *La note longue* ou *note carrée* avec queue
qui vaut   1 $1/2$

4° *La note double* ou *maxime*
qui vaut   2

7. Les anciens désignaient les sons par les lettres : A, B, C, D, E, F, G ; mais au xıᵉ siècle Guy d'Arezzo (*) remplaça les lettres par les syllabes, *Ut, Ré, Mi, Fa, Sol, La, Si* ; qui correspondent aux lettres de la manière suivante :

A   B   C   D   E   F   G.
La Si Ut Ré Mi Fa Sol.

8. Aujourd'hui on ne se sert plus des lettres A, B, C, D, E, F, G que pour désigner la finale des tons, comme on le verra plus loin.

9. **Lignes.** Les notes ou signes du son se placent sur ou entre des lignes horizontales, ordinairement au nombre de quatre, et dont la réunion se nomme *portée*.

(*) Guy d'Arezzo, moine italien qui vivait dans le xıᵉ siècle, forma, dit-on, les syllabes *ut, ré, mi, fa, sol, la,* en prenant la première syllabe des six premiers vers de *l'hymne de saint Jean Baptiste*, selon le rit romain :

Ut queant laxis
*Re*sonare fibris
*Mi*ra gestorum
*Fa*muli tuorum
*Sol*ve polluti
*La*bii reatum

Ce ne fut que longtemps après qu'on donna le nom de *si* au septième degré.

10. Les lignes de la portée se comptent de bas en haut.

EXEMPLE :

11. On appelle *lignes supplémentaires,* de petites lignes ajoutées à la portée lorsque les quatre lignes sont insuffisantes pour recevoir les notes graves ou aigues :

EXEMPLE :

12. *Clefs.* Les clefs sont des signes que l'on place sur les lignes de la portée et qui servent à fixer le nom des notes.

13. La note placée sur la même ligne que la clef porte le nom de cette clef.

14. Il y a deux clefs. La clef d'*Ut*, ; et la clef de *Fa*, .

15. La clef d'*Ut* se place sur toutes les lignes ; mais plus souvent sur la quatrième et la troisième.

16. La clef de *Fa* se place sur la troisième et sur la deuxième ligne.

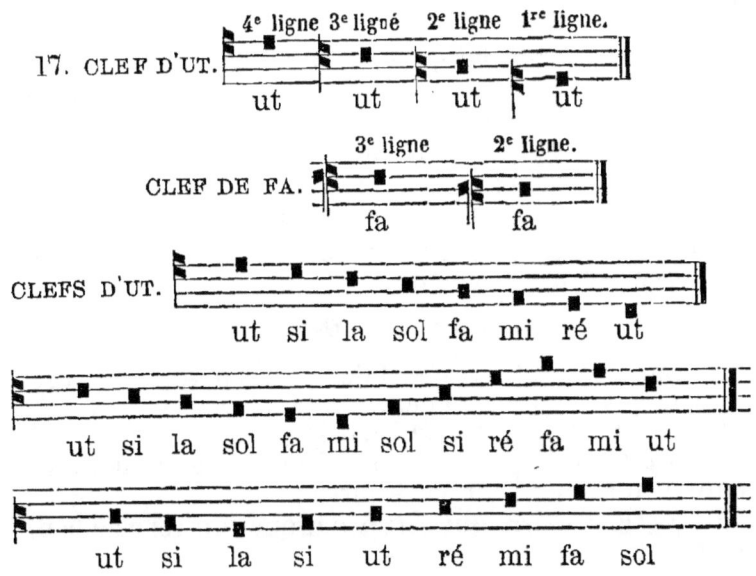

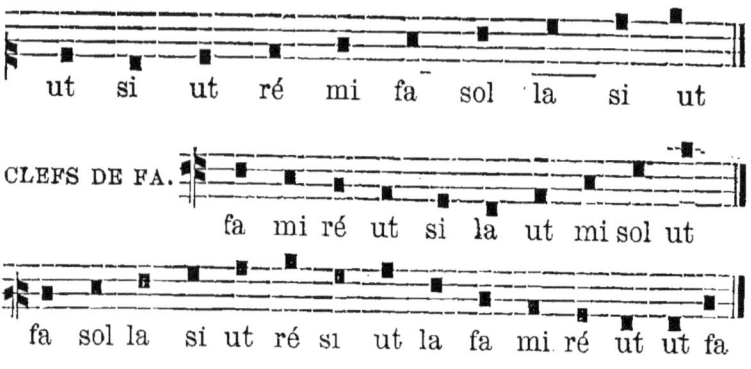

§ 2. *Signes accidentels.*

18. On compte trois signes accidentels, qui sont: le *dièse*, le *bémol*, le *bécarre*.

19. Le *dièse* (♯), hausse d'un demi-ton la note devant laquelle il est placé. (On ne peut le placer que devant le *Fa*.)

20. Le *bémol* (♭) baisse d'un demi-ton la note qu'il précède. On ne peut le placer que devant le *Si*. Si on le trouve quelquefois devant le *Mi* ce n'est que par suite d'une transposition (97).

Le bémol est *continuel* ou *accidentel*.

21. Le *bémol continuel* se place immédiatement après la clef et abaisse d'un demi-ton toutes les notes qui se rencontrent sur le même degré que lui.

22. Le *bémol accidentel* qui ne se rencontre que çà et là dans le cours de la pièce, n'influe que sur la note devant laquelle il se trouve.

23. Le *bécarre* (♮), rétablit dans son ton primitif la note devant laquelle il est placé, et qui a été abaissée d'un demi-ton par un ♭ ou haussée par un ♯.

Nota. On verra plus loin, au chapitre III (n° 96) les règles de ces signes accidentels.

§ 3. *Barres. — Guidon.*

24. **Barres.** Les barres sont des lignes perpendiculaires qui coupent la portée en deux.

25. Il y a trois sortes de barres :

1° La *petite barre* qui sert à séparer chaque mot ou à marquer un repos pour la respiration.

2° La *grande barre* qui sert à marquer un repos à la fin des phrases.

3° La *double barre* qui sert à séparer les différentes parties d'un même morceau.

petites barres; grandes barres; doubles barres.

26. *Guidon*. Le guidon est une demi-note avec queue placée à la fin d'une portée, pour indiquer dans quel intervalle ou sur quelle ligne se trouve la première note de la portée suivante.— On l'emploie aussi pour indiquer la note qui suit immédiatement le changement de clef dans une même pièce, ce qui arrive fréquemment dans les nouvelles éditions de chant romain.

CHAPITRE TROISIÈME.

De la Gamme.

27. On appelle *gamme* (ou *échelle*) la succession diatonique des sept sons, **Ut, Ré, Mi, Fa, Sol, La, Si**, auxquels on ajoute une huitième note qui n'est que la reproduction plus aigue de la première.

28. La gamme est ascendante ou descendante, selon que l'on va du grave à l'aigu, ou de l'aigu au grave.

GAMME ASCENDANTE.
ut ré mi fa sol la si ut

GAMME DESCENDANTE.
ut si la sol fa mi ré ut

Nota. Depuis longtemps déjà l'usage s'étant établi de remplacer *Ut* par *Do*, on s'y conformera dans la suite de cet ouvrage.

§ 1er. *Son ou degré.*

29. Chaque note par rapport à l'échelle se nomme *son* ou *degré*. Ainsi dans la gamme Do, Ré, Mi, Fa, Sol, La, Si, il y a autant de *sons* ou *degrés* que de notes.

(*) Le mot *gamme* vient de la lettre G en grec *gamma* qui désignait la note la plus *grave* de l'ancienne gamme A B C D E F G.

§ 2. *Intervalles.*

30. On appelle *intervalle* la distance d'un son à un autre, ou, si l'on veut, la distance que l'un des deux aurait à parcourir pour arriver à l'unisson de l'autre.

31. Il y a sept intervalles dans la gamme.

32. L'intervalle porte les noms de *seconde, tierce, quarte, quinte, sixte, septième, octave*, selon qu'il existe entre deux, trois, quatre, cinq, six, sept, huit degrés se suivant dans l'ordre ordinaire de la gamme.

33. *Tableau des intervalles.*

34. *Ton et demi-ton.* Dans la gamme les intervalles qui existent entre une note quelconque et sa suivante ne sont pas tous égaux.

35. On appelle *tons* les intervalles qui existent de *do* à *ré*, de *ré* à *mi*, de *fa* à *sol*, de *sol* à *la*, de *la* à *si*.

36. Mais de *mi* à *fa* et de *si* à *do*, la distance est moitié moindre, et c'est à cette distance qu'on donne le nom de *demi-ton*.

37. La gamme tout entière se compose donc de cinq tons entiers et de deux demi-tons.

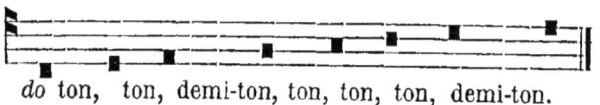

38. De cette division d'intervalles conjoints en tons entiers et en demi-tons, il résulte que les intervalles de seconde, de tierce, de quarte, de quinte, de sixte, sont plus ou moins grands, selon qu'ils sont formés d'intervalles conjoints plus ou moins grands eux-mêmes, et alors ces intervalles portent les noms de *majeurs* ou de *mineurs*.

Seconde majeure et seconde mineure.

39. Ainsi l'intervalle de *do* à *ré*, de *ré* à *mi*, de *fa* à *sol*, de *sol* à *la*, de *la* à *si* porte le nom de *seconde majeure*, c'est l'intervalle d'un ton plein.

40. Au contraire, l'intervalle de *mi* à *fa*, de *si* à *do* porte le nom de seonde mineure, c'est l'intervalle d'un demi-ton.

Tierce majeure. — Tierce mineure.

41. L'intervalle de *do* à *mi*, 2 tons, de *fa* à *la*, 2 tons, de *sol* à *si*, 2 tons, s'appelle *tierce majeure*.

42. Au contraire l'intervalle de *ré* à *fa*, 1 ton $\frac{1}{2}$, de *mi* à *sol*, 1 ton $\frac{1}{2}$, de *la* à *do*, 1 ton $\frac{1}{2}$, de *si* à *ré*, 1 ton $\frac{1}{2}$, s'appelle *tierce mineure*.

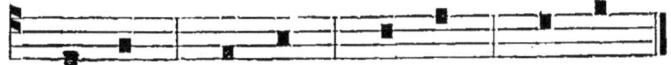

Quarte juste et quarte augmentée ou triton.

43. L'intervalle de *do* à *fa*, 2 tons et $\frac{1}{2}$, de *ré* à *sol*, 2 tons et $\frac{1}{2}$, de *mi* à *la*, 2 ton et $\frac{1}{2}$, de *sol* à *do*, 2 tons et $\frac{1}{2}$, de *la* à *ré*, 2 tons et $\frac{1}{2}$, de *si* à *mi*, 2 tons et $\frac{1}{2}$, porte le nom de *quarte juste*

et l'on appelle *quarte augmentée, ou triton*, l'intervalle de trois tons pleins, comme de *si* à *fa* :

ou de *si* ♭ à *mi*.

44. Il suffit d'avoir un peu d'oreille pour comprendre aisément pourquoi le *triton* est appelé *diabolus in musica*. Aussi l'intervalle de *triton* ou l'union de trois tons consécutifs, comme *fa, sol, la, si; si, la, sol, fa;* ou *si* ♭, *do, ré, mi; mi, ré do, si* ♭, ne doivent jamais se rencontrer dans le plain-chant.

45. On évite le *triton*, au moyen du ♭, ou du ♯ ou du bécarre.

(Voir Chap. III.)

Quinte juste, et quinte diminuée.

46. L'intervalle de *do* à *sol*, 3 tons $1/2$, de *ré* à *la*, 3 tons $1/2$, de *m* à *si*, 3 tons $1/2$, de *fa* à *do*, 3 tons $1/2$, de *sol* à *ré*, 3 tons $1/2$, de *la* à *mi*, 3 tons $1/2$, porte le nom de *quinte juste*.

47. Il est facile de voir que la quinte juste est formée d'une tierce majeure, et d'une tierce mineure.

48. On donne le nom de *quinte diminuée* à l'intervalle de deux tons et deux demi-tons, comme de *si* à *fa*, et de *mi* à *si* ♭.

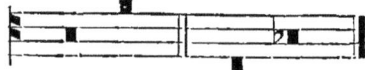

49. La *quinte diminuée* ne renferme que deux tierces mineures. Elle est désagréable et peu usitée dans le plain-chant.

Sixte majeure. — Sixte mineure.

50. L'intervalle de *do* à *la*, 4 tons $1/2$, de *ré* à *si*, 4 tons $1/2$, de *fa* à *ré*, 4 tons $1/2$, de *sol* à *mi*, 4 tons $1/2$, porte le nom de *sixte majeure*, et l'on donne le nom de *sixte mineure*, à l'intervalle de *mi* à *do*, de *si* à *fa*, composé seulement de trois tons et deux demi-tons. EXEMPLES.

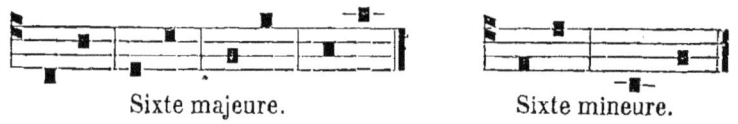

Sixte majeure.   Sixte mineure.

51. L'intervalle de *sixte*, soit majeure, soit mineure, est peu usité dans le plain-chant.

Septième.

52. L'intervalle de *septième* est à peu près complétement inusité dans le plain-chant.

Octave.

53. Enfin l'*octave*, *do-do*, *ré-ré*, etc., est toujours composée de cinq tons et deux demi-tons.

§ 3. *Différentes sortes de Gammes.*

54. En prenant successivement chacune des sept notes, *do, ré, mi, fa, sol, la, si,* pour point de départ de la gamme,

on obtient autant de gammes différentes qu'il y a de notes et l'on donne à chacune de ces différentes gammes le nom de la note qui sert de point de départ.

55. Ces gammes diffèrent entre elles en ce que les *demi-tons* changent de place avec *mi fa* et *si do* et qu'ainsi, ils ne sont plus comme dans la gamme de *do*, entre le troisième et quatrième degrés et entre les septième et huitième degrés; mais entre divers autres degrés, comme on peut le voir dans les exemples qui suivent:

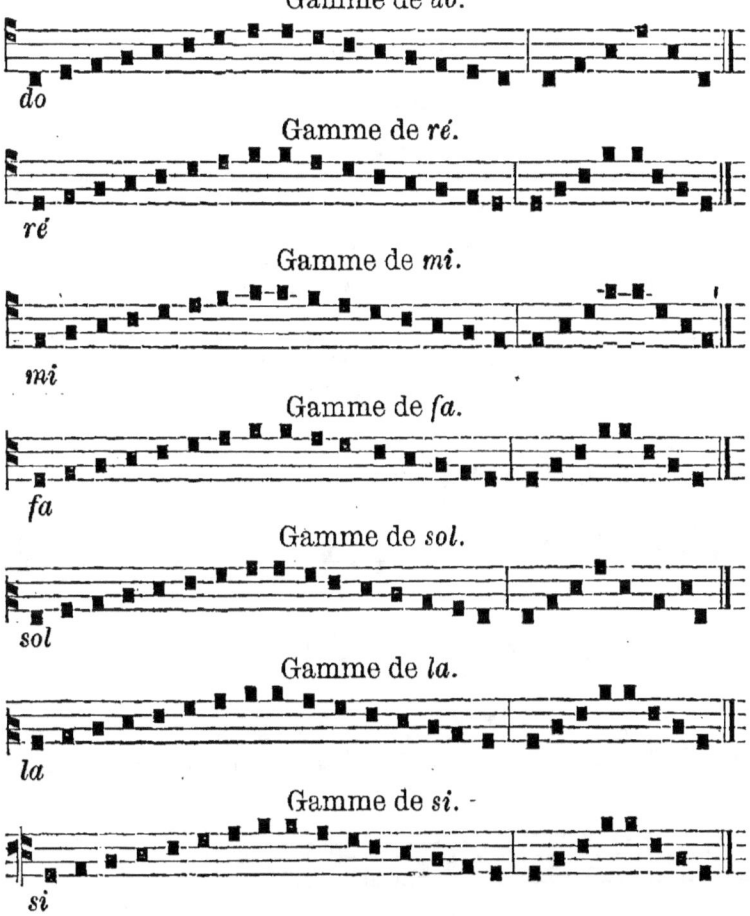

Nota. — *Exercez-vous souvent à chanter ces gammes, ayant soin de bien mettre les demi-tons à leur place.*

Cet exercice, tout simple qu'il paraisse, offre cependant quelques difficultés; il est d'une très-grande utilité.

ECRITURE OU NOTATION DU PLAIN-CHANT.

55 bis. Il est facile de remarquer en chantant ces gammes et en les comparant entre elles, qu'elles ont chacune un caractère spécial, une physionomie toute particulière résultant du déplacement des demi-tons. C'est, de cette diversité dans le caractère ou la physionomie des différentes gammes, que résulte la variété des modes ou tons du plain-chant.

56. Exercices.

Nota. — On aura soin en étudiant ces exercices, de ne passer à l'exercice suivant, que lors qu'on saura chanter juste et sans hésitation celui qui précède. Ceux qui connaîtront parfaitement toute la suite de ces exercices, n'éprouveront plus que fort peu de difficultés pour solfier à première vue une pièce quelconque de plain-chant.

I. GAMMES DE DO, SUR TOUTES LES POSITIONS DES CLEFS

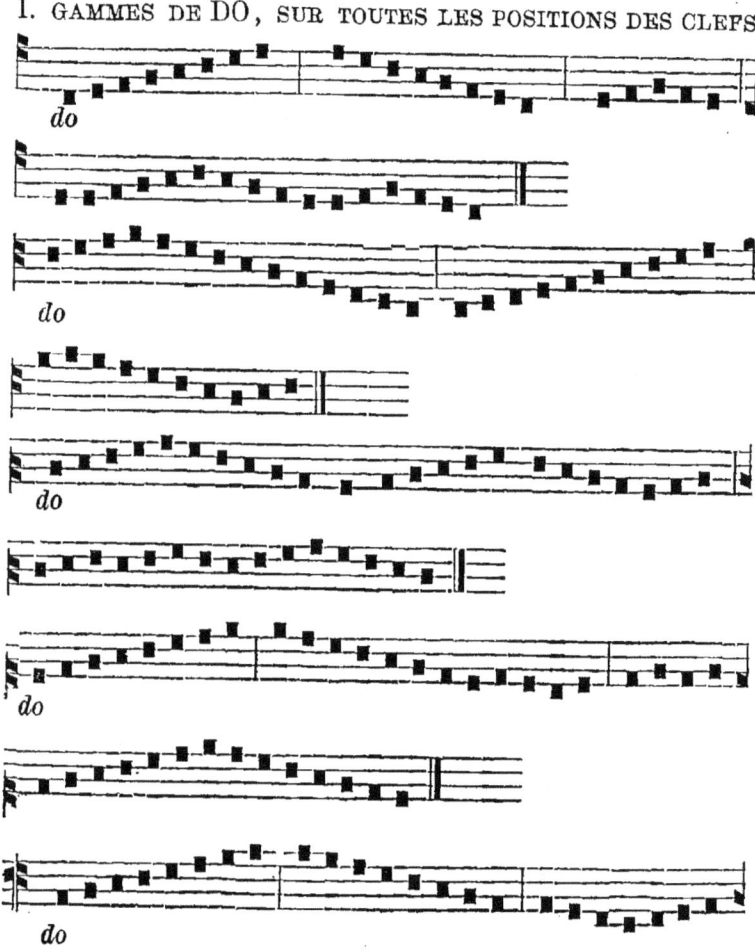

ÉCRITURE OU NOTATION DU PLAIN-CHANT.

II. EXERCICES SUR LES INTERVALLES.

1. *Intervalles de tierces majeures et mineures.*

12 ÉCRITURE OU NOTATION DU PLAIN-CHANT.

2. *Intervalles de quartes.*

ÉCRITURE OU NOTATION DU PLAIN CHANT.

3. *Intervalles de quintes.*

4. *Intervalles de sixtes.*

14 ÉCRITURE OU NOTATION DU PLAIN-CHANT.

5. *Intervalles de septième.*

6. *Intervalles d'octaves.*

7. *Résumé général des intervalles.*

ÉCRITURE OU NOTATION DU PLAIN-CHANT.

Remarquez qu'avec la clef de *fa* sur la deuxième ligne, la position des notes de la gamme est absolument la même qu'avec la clef *d'ut* quatrième ligne.

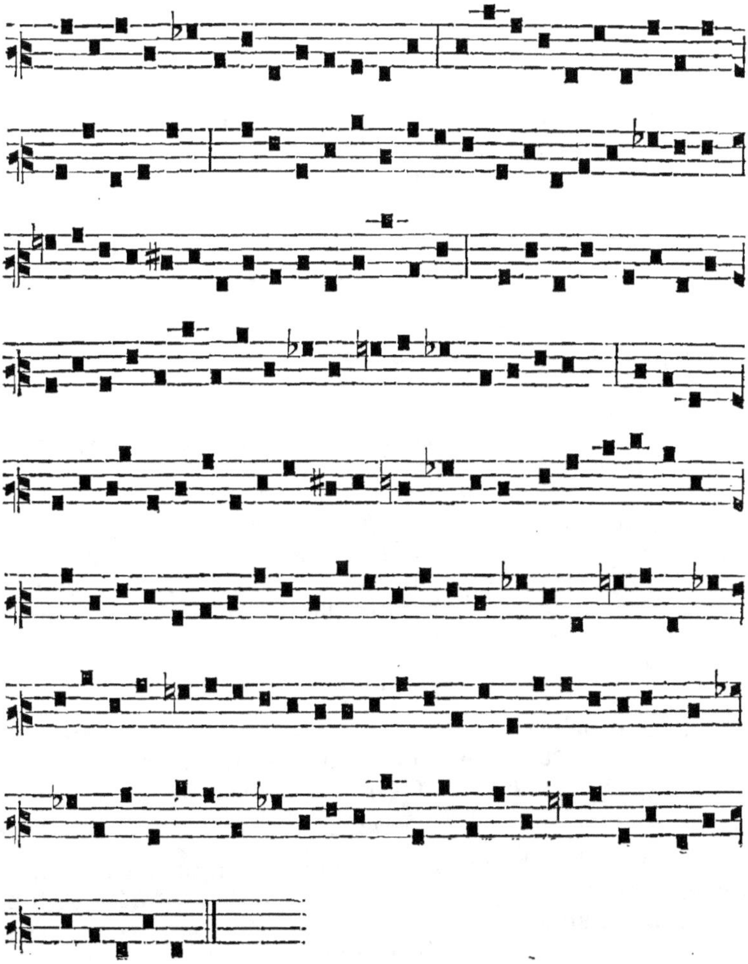

DEUXIÈME PARTIE.

DE LA TONALITÉ DU PLAIN-CHANT.

CHAPITRE PREMIER.
Notions générales.

57. Parmi les pièces de chant dont se composent les Graduels et les Antiphonaires, les unes ont une expression de gravité, d'autres expriment la tristesse, d'autres la joie, la douceur, la piété, etc., selon qu'elles appartiennent à un mode ou à un autre.

58. Les modes ou tons du plain-chant sont au nombre de huit, et, dit-on, ne diffèrent que fort peu de ceux des Grecs dont ils ont conservé le nom.

Ainsi le *premier ton*, dont le caractère est *grave, viril, magnifique* est le *Dorien* des Grecs.
Le deuxième ton, *triste*, *Hypodorien* des Grecs.
Le troisième ton, *mystique*, *Phrygien* des Grecs.
Le quatrième ton, *harmonieux*, *Hypophrygien* des Grecs
Le cinquième ton, *joyeux*, *Lydien* des Grecs.
Le sixième ton, *dévot*, *Hypodorien* des Grecs.
Le septième ton, *angélique*, *Mixolydien* des Grecs.
Le huitième ton, *parfait*, *Hypomixolydien* des Grecs.

Quoi qu'il en soit de l'origine vraie des tons du plain-chant et de l'exactitude rigoureuse des épithètes qu'on leur a données, nous passons de suite, aux notions générales, sur la tonalité.

Ton ou Mode.

59. On appelle *ton* ou *mode*, l'ordre des tons et demi-tons de la gamme naturelle ou diatonique qui détermine la finale, la dominante et l'étendue de la mélodie.

Finale.

60. La *finale* est comme son nom l'indique, la note qui termine toutes les pièces de chant composées dans le ton que l'on considère.

Dominante.

61. On appelle *dominante*, non pas la note la plus élevée, mais celle sur laquelle la modulation du chant roule davantage et à laquelle les autres notes semblent vouloir plus souvent retourner.

Étendue.

62. On appelle *étendue* d'un ton, la série des sons qu'un morceau de chant écrit dans ce ton est susceptible de parcourir.

63. L'étendue de chaque ton est toujours d'une gamme ou octave. Cependant comme il y a des morceaux de chant dont la mélodie n'est pas strictement renfermée dans les limites d'une octave, on a distingué les tons, en tons parfaits, tons imparfaits, tons surabondants et tons mixtes.

Ton parfait.

64. On appelle ton parfait, le ton d'une pièce de chant dont la mélodie atteint sans la dépasser les limites de sa gamme.

Ton imparfait.

65. Ton d'un chant dont la mélodie n'atteint pas les limites de l'octave.

Ton surabondant.

66. Ton d'un chant dont la mélodie dépasse de deux ou trois notes, soit au grave, soit à l'aigu, les extrémités de l'octave.

Ton mixte.

67. S'il y avait plus de trois notes en dehors des limites de l'octave, le ton alors serait dit mixte, et le morceau appartiendrait en réalité à deux modes différents, exemple: la prose de Pâques qui appartient à la fois au premier et au deuxième modes.

CHAPITRE II.

Théorie des tons.

§ 1er. *Formation des tons.*

68. Les sept gammes dont nous avons parlé au n° 54 ont formé autant de tons auxquels on a donné le nom d'*authentiques (magistri)*, impaires. Ce sont les 1er, 3e, 5e, 7e, 9e, 11e et 13e tons.

NOTA. On a vu au n° 58, qu'on ne compte ordinairement que 8 tons dans le plain-chant, on pourrait se demander ici pourquoi nous en donnons à connaître quatorze. C'est qu'en réalité, il existait anciennement quatorze tons. Dans la suite, les 6 derniers de ces 14 tons furent ramenés aux 6 premiers, à cause de la ressemblance qu'ils ont avec eux. De là, la division actuelle des tons, en tons réguliers et en tons irréguliers. Les tons irréguliers n'étant donc que les anciens 9e, 10e, 12e, 13e et 14e tons, il nous semble nécessaire pour plus de clarté, de donner d'abord la théorie d'ailleurs si simple de ces anciens tons, pour pouvoir montrer ensuite comment on les a ramenés aux six premiers. Nous observons ici que plusieurs éditions nouvelles de chant Romain, entre autres celle de Reims et Cambrai ont conservé les anciennes dénominations de 9e, 12e, 13e et 14e tons.

69. *Tableau des gammes authentiques.*

1er ton, gamme de RÉ.
ré

3e ton, gamme de MI.
mi

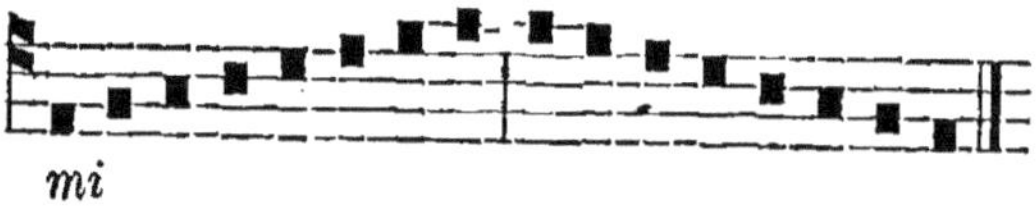

5e ton, gamme de FA.
fa

7e ton, gamme de SOL.
sol

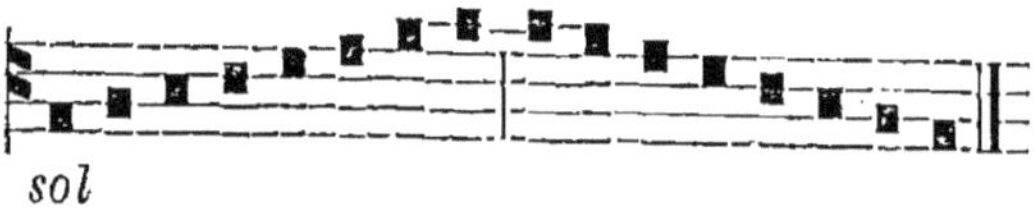

9e ton, gamme de LA.
la

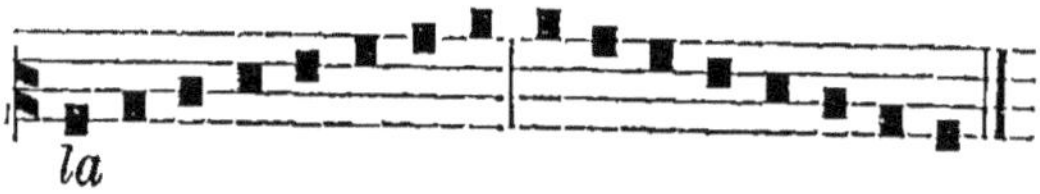

11e ton, gamme de SI.
si 

.3e ton, gamme de DO.
do

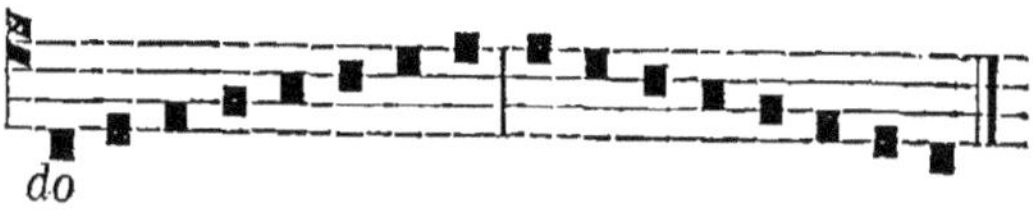

70. On remarque que ces sept gammes sont formées chacune d'une quinte surmontée d'une quarte; ainsi, la gamme de RÉ, du 1er ton, s'étend de *ré* à *la* (quinte) et de *la* à *ré* (quarte).

quinte   quarte

La gamme de MI, du 3e ton, s'étend du *mi* au *si* (quinte) et du *si* au *mi* (quarte).

La gamme de FA, du 5ᵉ ton, s'étend du *fa* au *do* (quinte), et du *do* au *fa* (quarte).

La gamme de SOL, du 7ᵉ ton, s'étend du *sol* au *ré* (quinte), et du *ré* au *sol* (quarte).

La gamme de LA, du 9ᵉ ton, s'étend du *la* au *mi* (quinte), et du *mi* au *la* (quarte).

La gamme de SI, du 11ᵉ ton, s'étend du *si* au *fa* (quinte), et du *fa* au *si* (quarte).

La gamme de DO, 13ᵉ ton, s'étend du *do* au *sol* (quinte), et du *sol* au *do* (quarte).

71. Si, dans chacune des gammes précédentes, on transporte la quarte qui surmonte la quinte, au-dessous même de la quinte, on obtient autant d'autres nouvelles gammes qui donnent naissance à de nouveaux tons appelés *plagaux* (*discipuli*) *paires*, ce sont : les 2ᵉ, 4ᵉ, 6ᵉ, 8ᵉ, 10ᵉ, 12ᵉ, et 14ᵉ tons.

Ainsi le 1ᵉʳ ton authentique	RÉ,	*la*,	*la*,	RÉ,
forme le 2ᵉ ton plagal	LA,	*ré*,	*ré*,	LA.
Le 3ᵉ ton authentique	MI,	*si*,	*si*,	MI,
forme le 4ᵉ plagal	SI,	*mi*,	*mi*,	SI.
Le 5ᵉ ton authentique	FA,	*do*,	*do*,	FA,
forme le 6ᵉ plagal	DO,	*fa*,	*fa*,	DO.
Le 7ᵉ ton authentique	SOL,	*ré*,	*ré*,	SOL,
forme le 8ᵉ plagal	RÉ,	*sol*,	*sol*,	RÉ.
Le 9ᵉ ton authentique	LA,	*mi*,	*mi*,	LA,
forme le 10ᵉ plagal	MI,	*la*,	*la*,	MI.
Le 11ᵉ ton authentique	SI,	*fa*,	*fa*,	SI,
forme le 12ᵉ plagal	FA.	*si*,	*si*,	FA.
Le 13ᵉ ton authentique	DO,	*sol*,	*sol*,	DO,
forme le 14ᵉ plagal	SOL,	*do*,	*do*,	SOL.

20 DE LA TONALITÉ DU PLAIN-CHANT.

72. *Tableau des gammes plagales.*

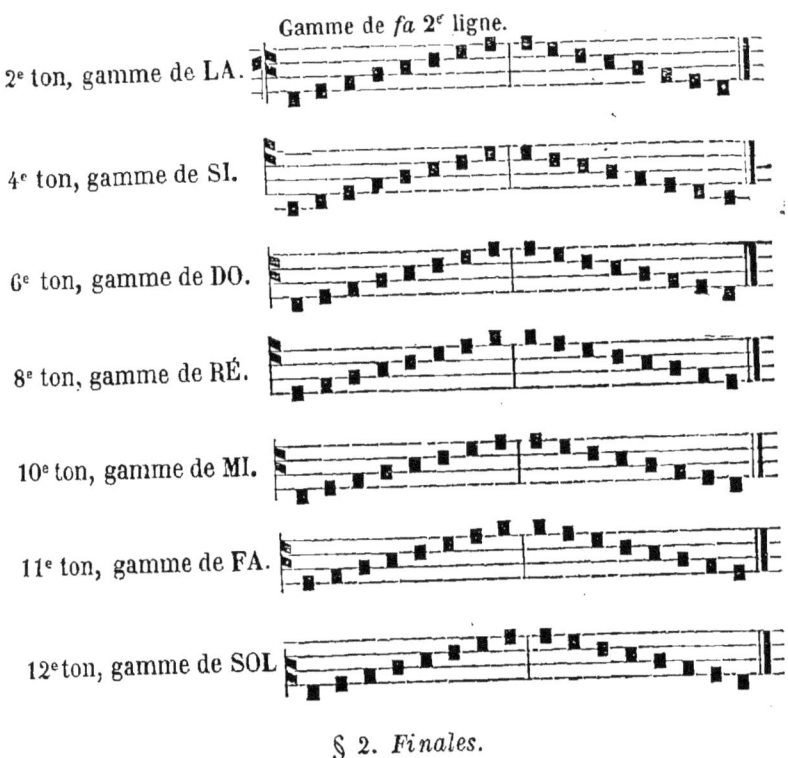

§ 2. Finales.

73. Chaque ton authentique a pour finale la 1re note de sa gamme, et chaque ton plagal a la même finale que l'authentique dont il dérive; ainsi :

Les 1er et 2e tons ont pour finale RÉ,
3e et 4e — — — — MI,
5e et 6e — — — — FA,
7e et 8e — — — — SOL,
9e et 10e — — — — LA,
11e et 12e — — — — SI,
13e et 14e — — — — DO.

74. Il est de la plus grande importance de bien retenir les finales de chaque ton, car au moyen de la finale d'un ton on trouve facilement sa gamme; il suffit, si le ton est authentique, de prendre l'octave à partir de la finale, et si le ton est plagal de prendre une quarte au-dessous et une quinte au-dessus de la finale. — Ainsi par ex., 7e ton, authentique : finale SOL, gamme SOL, *la, si, do, ré, mi, fa,* SOL, 4e ton, plagal, finale MI, gamme *si, do, re,* MI, *fa, sol, la, si.*

§ 3. Règle des dominantes.

Tons authentiques.

75. La dominante de l'authentique est toujours la quinte au-dessus de la finale, à moins que cette quinte ne soit un SI ou un FA; car ces deux notes étant mobiles elles ne peuvent servir de dominante (le *si* peut être bémolisé, et le *fa* diésé). De plus, le *fa* pris comme dominante formerait avec la finale *si*, une mauvaise consonnance (quinte diminuée). On prend alors la note supérieure *do* au lieu de *si*, et *sol* au lieu de *fa*. Ces cas ne se présentent que pour le 3e ton, finale *mi*, dominante *do* (sixte), et pour le 11e ton, finale *si*, dominante *sol* (sixte.)

Tons plagaux.

76. La dominante du plagal est toujours la tierce au-dessous de la dominante de l'authentique correspondant, à moins que cette tierce ne soit un SI, car alors il faut encore prendre la note supérieure DO. Ce cas ne se présente que pour le 8e ton, finale *sol*, (dominante de l'authentique RÉ), dominante du plagal DO au lieu de SI.

77. *Tableau des dominantes.* Pour servir à l'intelligence des règles qui viennent d'être énoncées.

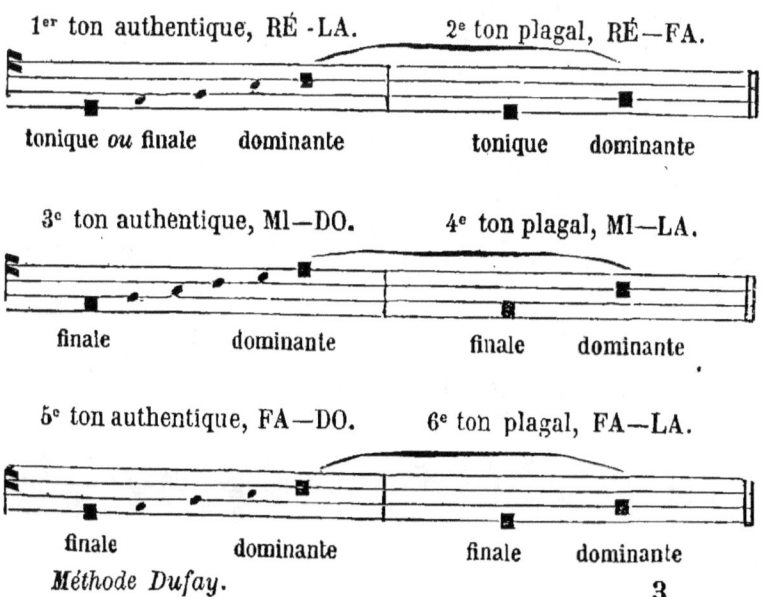

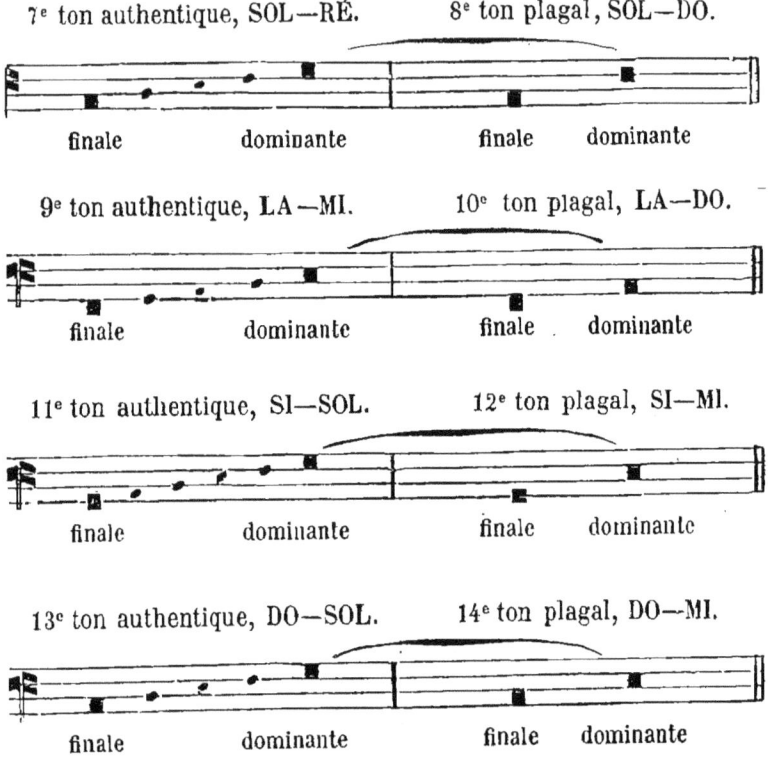

On remarque dans ce tableau.

1° Que la finale de l'authentique et du plagal correspondant est toujours la même ;

2° Que la dominante de l'authentique est toujours la quinte au-dessus de la finale, excepté pour le 3° et pour le 11° ton ;

3° Que la dominante du plagal est toujours la tierce au-dessous de la dominante de son authentique correspondant, excepté pour le 8° ton.

Nota. — Il sera très-utile de s'exercer à reproduire ce tableau de mémoire, en se rappelant la règle des dominantes.

78. *Tableau résumé des quatorze tons*,

Où l'on trouve : 1° la finale de chaque ton; 2° sa dominante; 3° son étendue.

Nota. La finale est représentée par une note double, la dominante par une note brève ou losange, l'étendue se trouve comprise entre la note la plus grave et la note la plus aiguë.

DE LA TONALITÉ DU PLAIN-CHANT

AUTHENTIQUES.   **PLAGAUX.**

1er TON.   2e TON.

3e TON.   4e TON

5e TON.   6e TON.

7e TON.   8e TON.

9e TON.   10e TON.

11e TON.   12e TON.

13e TON.   14e TON.

On remarque dans ce tableau, que l'on ne se sert pas de la même clef pour tous les tons. Si l'on voulait n'employer qu'une seule clef, il faudrait recourir aux lignes supplémentaires d'un côté, tandis que de l'autre, une ou plusieurs lignes de la portée deviendraient inutiles

§ 4. *Des tons dits irréguliers.*

79. On donne le nom de tons *irréguliers* aux tons qui, à cause de la ressemblance de leurs gammes avec celles des six premiers tons, ont été, par la transposition, ramenés à ces six premiers tons.

80. Ainsi le 9ᵉ ton, à cause de la ressemblance de sa gamme avec celle du 1ᵉʳ ton, a formé le 1ᵉʳ ton irrégulier. Le 10ᵉ ton a formé le 2ᵉ ton irrégulier ; le 12ᵉ ton, a formé le 4ᵉ irrégulier ; le 13ᵉ a formé le 5ᵉ irrégulier, et enfin le 14ᵉ ton a formé le 6ᵉ ton irrégulier.

81. Il n'y a pas de troisième ton irrégulier ; le onzième qui aurait pu le former est complétement inusité à cause de ses intervalles de quinte diminuée (*si-fa*) et de triton (*fa-si*.)

82. Il y a donc cinq tons irréguliers formés des 9ᵉ, 10ᵉ, 12ᵉ, 13ᵉ et 14ᵉ tons anciens.
Il y a de plus un autre 4ᵉ ton irrégulier d'origine spéciale (n° 91) ce qui forme en tout six tons irréguliers.

83. De cette fusion des six derniers tons avec les six premiers, il résulte qu'il n'y a plus, à proprement parler, que 8 tons, distingués en tons réguliers et tons irréguliers.

84. C'est ordinairement par la transposition des gammes que cette fusion s'est opérée. Or, on entend par transposition d'une gamme, la transcription de cette gamme sur une échelle différente de son échelle primitive, au moyen d'une autre clef et en se servant du ♭ pour maintenir les demi-tons aux mêmes degrés de la gamme avant et après la transposition.

1ᵉʳ Ton en A.

85. Les explications que nous donnons de la formation du 1ᵉʳ ton en A, serviront à faire comprendre la formation des autres tons irréguliers.

Soit donc la gamme de LA du 9ᵉ ton à transposer dans la gamme de RÉ du 1ᵉʳ ton.

Gamme de RÉ du 1ᵉʳ ton.

Gamme de LA du 9ᵉ ton.

On remarque que, les demi-tons de *mi* à *fa* (gamme de RÉ) et de *si* à *do* (gamme de LA) se trouvent dans les deux gammes, entre les 2ᵉ et 3ᵉ degrés ; que les demi-tons de *si* à *do* (gamme de RÉ) et de *mi* à *fa* (gamme de LA) ne sont pas au même degré ; que l'un est entre le 6ᵉ et le 7ᵉ degrés et l'autre entre le 5e et le 6e. Mais si dans la gamme de RÉ, on met un ♭ devant le *si*, on a alors :

gamme en tout semblable à la gamme de *la* :

et qui par conséquent pourra la remplacer.

C'est ainsi qu'il a suffi de bémoliser le *si* de la gamme de RÉ, pour remplacer le 9e ton devenu, par ce moyen, 1er ton irrégulier en A.

86. Ton en *A* signifie, ton qui avant la transposition avait pour finale LA, on se rappelle (n° 7) que les notes étaient autrefois désignées par les lettres;
A, B, C, D, E, F, G.
la, si, do, ré, mi, fa, sol.

Aujourd'hui on se sert encore de ces lettres pour désigner la finale des tons.

87. La finale et la dominante d'un ton irrégulier, lorsqu'il a été transposé, deviennent les mêmes que celles du ton régulier, bien qu'il conserve le nom de la finale qu'il avait avant la transposition. Ainsi : le 1er ton en *A*, dont la finale est changée de LA en RÉ.

88. Ces explications une fois bien comprises pour la formation du 1er ton irrégulier ou en *A*; il suffit de jeter un coup d'œil sur les tableaux suivants pour bien comprendre la formation des autres tons irréguliers.

89. 2e TON IRRÉGULIER OU EN *A*.

La gamme de MI du 10e ton étant à peu près semblable à la gamme de LA du 2e ton, on a pu regarder le 10e ton comme une variante du 2e et aussi le 10e ton a formé le 2e ton irrégulier sans aucune transposition.

Le 2e ton irrégulier a pour finale LA, de là son nom de 2e ton en *A*, Sa dominante est DO. Comme il n'y a pas de transposition, la finale et la dominante sont restées les mêmes (*Voyez* n° 77, 9e ton).

4ᵉ Ton irrégulier en B.

90. Le douxième ton (gamme de *fa* ; finale *si*, Dominante *mi*,) a formé le 4ᵉ ton irrégulier en *B*, sans transposition.

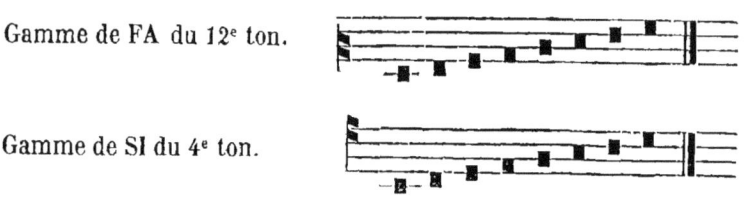

Gamme de FA du 12ᵉ ton.

Gamme de SI du 4ᵉ ton.

Ces deux gammes ne diffèrent que fort peu, il suffit, pour les rendre tout à fait semblables, de bémoliser le *si*, dans la gamme de *si*, et alors on peut remplacer la 1ʳᵉ gamme par la seconde. Ce nouveau ton prend le nom de 4ᵉ ton en *B*, transposé.

Sa finale et sa dominante après la transposition sont les mêmes que celles du 4ᵉ ton régulier, mais il conserve le nom de 4ᵉ en *B* qui rappelle son ancienne finale *si*.

4ᵉ Ton irrégulier en A.

91. Ce ton n'est autre que le quatrième ton régulier transposé une quarte plus haut. La gamme de *si* devient alors gamme de *mi*, la finale et la dominante au lieu d'être *mi* et *la* deviennent *la* et *ré* :

Son nom de 4ᵉ ton irrégulier en *A*, lui vient de sa finale LA, après la transposition.

Gamme de SI du 4ᵉ ton rég.

Gamme de MI du 4ᵉ ton en *A*.

92. L'avantage de cette transposition, c'est que le *fa* se trouvant remplacé par *si*, note mobile, susceptible d'être bémolisée, on peut donner à la mélodie du 4ᵉ ton une variété qu'elle ne comporterait pas dans la gamme de *si*.

93. Les deux quatrièmes tons irréguliers sont beaucoup moins usités que les autres tons irréguliers.

5ᵉ Ton en C.

94. Le 13ᵉ ton (gamme de *do*) a formé le 5ᵉ ton en *C*. Il suf-

fit de comparer les gammes du 13ᵉ ton et du 5ᵉ ton, pour voir qu'elles deviendront tout à fait semblables en bémolisant le *si* de la gamme de *fa*. Donc la gamme de *do* du 13ᵉ ton, peut se remplacer par la gamme de *fa* du 5ᵉ ton, avec *si* ♭.

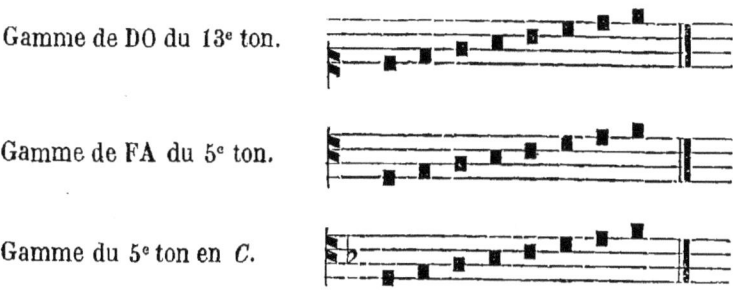

Gamme de DO du 13ᵉ ton.

Gamme de FA du 5ᵉ ton.

Gamme du 5ᵉ ton en *C*.

Le nom de 5ᵉ en *C*, vient de l'ancienne finale DO.

6ᵉ TON EN *C*.

95. Le 14ᵉ ton (gamme de *sol*) a formée le 6ᵉ ton irrégulier. Il a suffi de bémoliser le *si* dans la gamme de DO du 6ᵉ ton, pour la rendre tout à fait semblable à celle de *sol* du 14ᵉ ton.

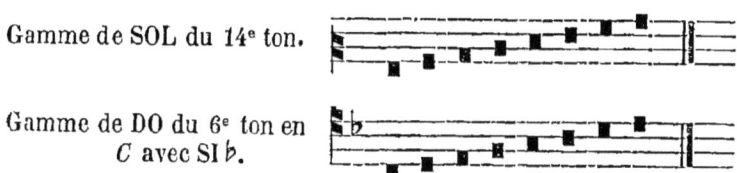

Gamme de SOL du 14ᵉ ton.

Gamme de DO du 6ᵉ ton en *C* avec SI ♭.

Le nom de 6ᵉ ton en *C* rappelle l'ancienne finale DO.

Tableau comparatif des tons réguliers et irréguliers.

TONS RÉGULIERS.   TONS IRRÉGULIERS.

Auth. — 1ᵉʳ en *D*.   F.D.   1ᵉʳ ton en *A*.   F.D.

Plagal. — 2ᵉ en *D*.   2ᵉ ton en *A*.

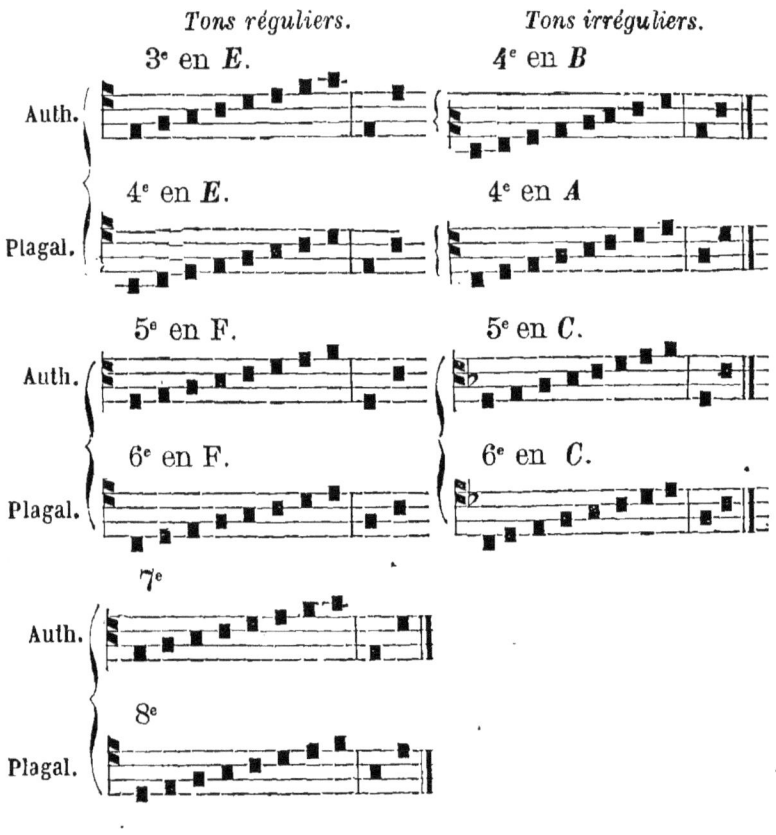

CHAPITRE TROISIÈME.

Des signes accidentels dans le plain-chant.

96. D'après la définition du plain-chant et la théorie que nous avons donnée de sa tonalité, on voit que le plain-chant doit être modulé diatoniquement, c'est-à-dire selon l'échelle naturelle des sons. Donc, on doit bannir impitoyablement du chant ecclésiastique ce grand nombre de dièses, de bémols, ces ornements mondains qui le dénaturent Il faut ne pas connaître la tonalité Grégorienne ou n'en avoir pas le sentiment pour multiplier et varier les demi-tons à l'infini, au moyen des signes accidentels; pour dénaturer, par exemple, la messe du 1ᵉʳ ton de Dumont, écrite dans la gamme de RÉ, en diésant la plupart des DO et des SOL qui s'y rencontrent.

Cette corruption de la tonalité ecclésiastique, l'abus que font des demi-tons, quelques artistes maîtres de chapelle, plus musiciens que plain-chantistes, ne datent pas d'aujourd'hui; déjà Saint Odon de Cluny s'en plaignait: «C'est dit-il, une manière vicieuse, efféminée et par trop recherchée, d'introduire dans le chant, un plus grand nombre de demi-tons que nous ne l'avons enseigné, et de rejeter les règles que nous avons établies.» *Vitiosa et maxime lasciviens et nimium delicata harmonia, plura quam diximus semitonia quærit et quæ nos poscimus, renuit.*

§ 1. *Règle du bémol* (*Voyez* n° 20 et suivant).

RÈGLE GÉNÉRALE.

97. Le bémol ne peut jamais se placer que devant le SI.

Si on le trouve quelquefois devant le *mi*, ce n'est que par suite d'une transposition qui a changé le *si* en *mi*.

Ainsi, par exemple, dans l'introït du Jeudi-Saint (graduel de Paris) on trouve cette phrase:

qui n'est autre que la suivante transposée une quarte plus haut :

Cas dans lesquels le bémol se place devant le si.

98. 1° Lorsqu'il y a un intervalle de triton à éviter.

EXEMPLE :

99. 2° Lorsque par suite de la transposition dans la formation des tons irréguliers, le *fa* est remplacé par *si*. Le bémol est alors continuel et se place à la clef.

100. 3° Il est des cas ou le ♮ se met à volonté devant le *si*.

Exemple : On peut écrire.

Ou bien.

Mais alors, comme on peut le remarquer, on ne sort pas pour cela de la tonalité grégorienne. On ne fait que passer du ton régulier au ton irrégulier.

§. 2. *Du dièse (Voyez n° 19).*

RÈGLE GENERALE.

101. Le dièse ne se place que devant la note FA. Donc toutes les fois qu'on le trouve devant un DO ou un SOL, on peut affirmer qu'il y a là une faute à faire disparaître.

Cas unique où le dièse se place devant le FA.

102. On ne peut diéser le *fa* que lorsqu'il y a un intervalle de triton à éviter, encore faut-il que le *fa* soit suivi d'un *sol* terminant la mélodie, autrement, c'est en bémolisant le *si* qu'on devrait faire disparaître le triton.

1ᵉʳ Exemple : *fa* ♯ pour éviter le triton,

2ᵉ Exemple : *si* ♭ pour éviter le triton.

103. Il suit évidemment de cette règle que le dièse n'est jamais qu'accidentel.

§ 3. *Du bécarre. (Voyez n° 23).*

RÈGLE GÉNERALE.

104. Le bécarre ne se place que devant la note SI, lorsqu'elle a été bémolisée. S'il se trouve quelque fois devant un *mi*. Ce n'est que par suite d'une transposition. *

Cas où le bécarre se place devant le si.

105. 1° Lorsque le *si* ♭ n'étant qu'accidentel, on veut revenir au *si* naturel.

2ᵉ Lorsque le *si* ♭ étant continuel, il y a un intervalle de triton à éviter. Comme *mi, ré, do, si* ♭.

On suit alors pour le bécarre la même règle que pour le dièse.

CHAPITRE IV.

Exercices de chant sur tous les tons.

Conseil pour l'étude de ces exercices.

106. 1° Avant de commencer à chanter chacun de ces,

(*) Le dièse ne venant jamais qu'à la fin des phrases mélodiques on n'a jamais besoin du bécarre pour en détruire l'effet.

exercices ou toute autre pièce de chant qu'on voudrait étudier, il est important de bien se rendre compte du ton dans lequel le chant est écrit, et d'observer la position de la clef celle des tons et demi-tons. Pour cela on s'exercera à chanter deux ou trois fois les gammes ascendantes et descendantes de ce ton, en ayant bien soin de mettre les demi-tons à leur place. C'est pour n'avoir pas pris ces précautions, que si souvent l'on chante faux une pièce d'un bout à l'autre, car le siège d'un ton ou d'un demi-ton se trouvant déplacé dans une mauvaise intonation, le déplacement se communique dans toute l'étendue du morceau.

107. 2° Il est essentiel pour faire des progrès sûrs et rapides de ne pas commencer à appliquer les paroles sur les notes d'un morceau, avant de savoir bien le solfier. Autrement, on s'exposerait à ne chanter que par routine et à n'être jamais sûr de soi.

108. 3° Il sera bon, après l'étude de chacun des morceaux que nous offrons comme exercices, de prendre un graduel et de s'exercer sur des pièces de chant écrites dans le même ton que l'exercice qu'on viendra d'étudier.

109. 4° En général, nous conseillons fort, toutes les fois qu'on aura à préparer un morceau quelconque de plain-chant, de commencer par chanter dans la méthode, l'exercice qui y correspond par le ton. Ces exercices pouvant être considérés comme types de tous les morceaux écrits dans le même ton, il y aurait grand avantage à les savoir à peu près par cœur. Nous osons promettre à ceux qui voudront bien observer ces pratiques qu'il ne tarderont pas à se trouver au dessus de toutes les difficultés qui auraient pu les arrêter jusqu'alors, dans l'exécution du plain-chant.

110. 5° On aura soin de donner à chaque note sa valeur (n. 6) tout en observant cependant, que le plain-chant n'est pas soumis comme la musique à une mesure rigoureuse.

Nota. — Parmi les diverses et nombreuses éditions de chant adoptées dans les diocèses, les unes sont à notes égales comme le chant Parisien, les autres à notes inégales (Chant de Reims et Cambrai). Il faut, dans l'exécution, se conformer aux usages établis, et suivre les régles qui se trouvent ordinairement en tête des éditions.

Exercice sur le premier ton régulier (en D).

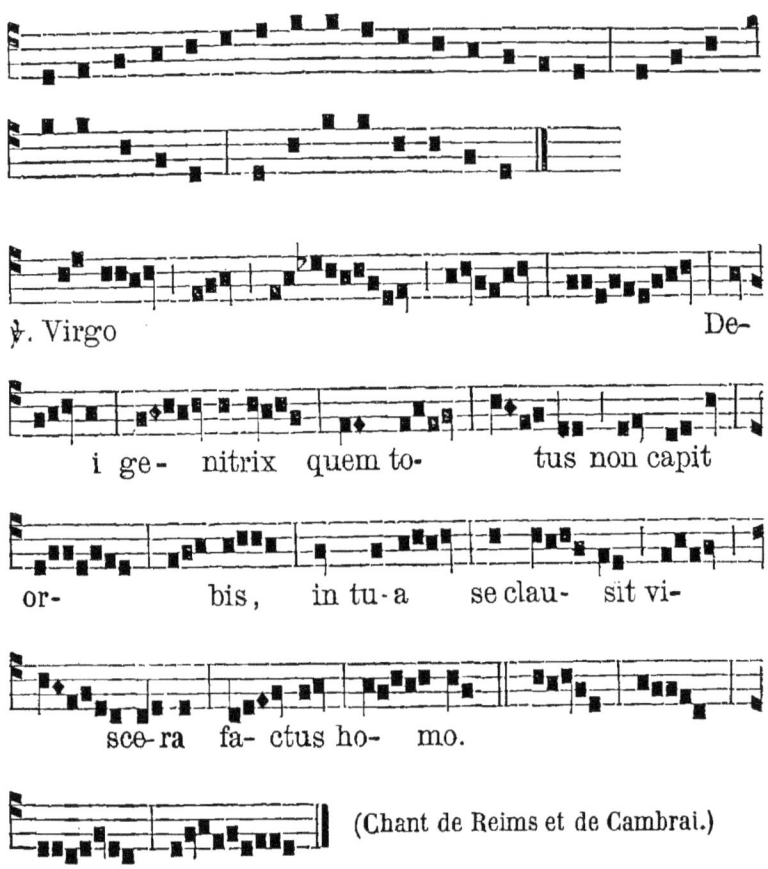

(Chant de Reims et de Cambrai.)

Exercice sur le premier ton irrégulier (en A).

DE LA TONALITÉ DU PLAIN-CHANT. 33

Exercice sur le deuxième ton régulier ou en D.

Exercice sur le deuxième ton irrégulier ou en A.

Méthode Dufay.

nus exulte- mus
et læ- te- mur in e- a.

(Chant de Reims et de Cambrai.)

Exercice sur le troisième ton.

O magnum myste- ri-um, et ad- mira- bi-le
sa- cra-men-tum, ut a-nima- li- a viderent Do-
minum na- tum jacentem in præ-se- pi-o.

(Chant du R.-P. Lambillotte.)

Exercice sur le quatrième ton régulier ou en E.

Patri peren-ne sit per ævum glo-ri-a, tibi quæ lau-

DE LA TONALITÉ DU PLAIN-CHANT.

des conci-namus inclytas, æterne nate sit super-ne spi-ritus honor tibi de-cusque sancto jugiter laudetur omne trini-tas per sæ-culum.

(Chant de Reims et Cambrai.)

In-vene- runt pu- erum cum Mari- a ma-tre e- jus. Et pro- ciden- tes adorave- runt e- um al- le- lu- ia.

(Chant à notes égales).

Exercice sur le quatrième ton irrégulier en B.

Le même transposé.
Cette seconde forme est à peu près la seule usitée.

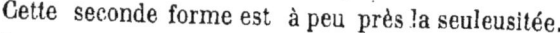

Sa-cerdo- tes Do-mini incen-sum et pa- nes of- fe-runt De- o et ide-o sancti e- runt De- o su- o, et non

36 DE LA TONALITÉ DU PLAIN-CHANT.

pol - lu- ent no- men e - jus. Al- le- - lu- ia.

(P. Lambillotte.)

Exercice sur le quatrième ton irrégulier en A.

A-pud Do- mi-num mi- se-ri-cor-di- a, et copi- - o- sa a-pud e- um re- dempti- o

(*Vespéral de Paris,* 4ᵉ Antienne des IIᵉˢ Vêpres de Noel.)

Exercice sur le cinquième ton régulier, ou en F.

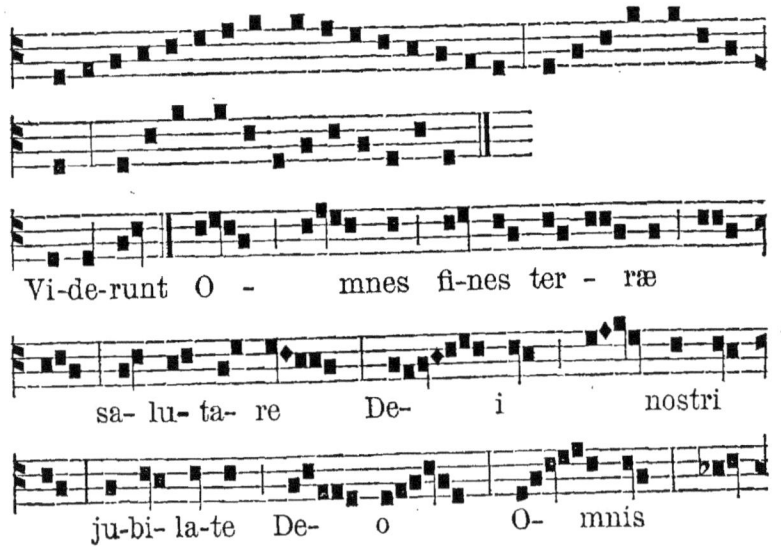

Vi-de-runt O - mnes fi-nes ter - ræ sa- lu- ta- re De- i nostri ju-bi- la-te De- o O- mnis

DE LA TONALITÉ DU PLAIN-CHANT. 37

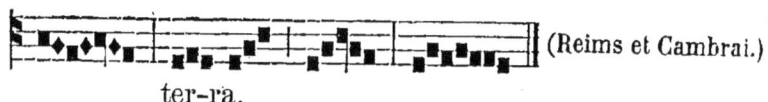

(Reims et Cambrai.)
ter-ra.

Exercice sur le cinquième ton irrégulier en **C**.

Prop-ter quod et De- us e-xal-ta-vit il- lum et de- dit illi no- men quod est su-per o-mne no- men.

(Chant de Digne.)

Exercice sur le sixième ton régulier en **F**.

Co- gni-tus est in ver-bis su- is fi-de-lis, qui- a invo-ca-bit Do mi-num omni-po-ten- tem in obla-ti-o- ne agn-i invi-o-la- ta

(Chant à notes égales.)

38 DE LA TONALITÉ DU PLAIN-CHANT.

Exercice sur le sixième ton irrégulier ou en G.

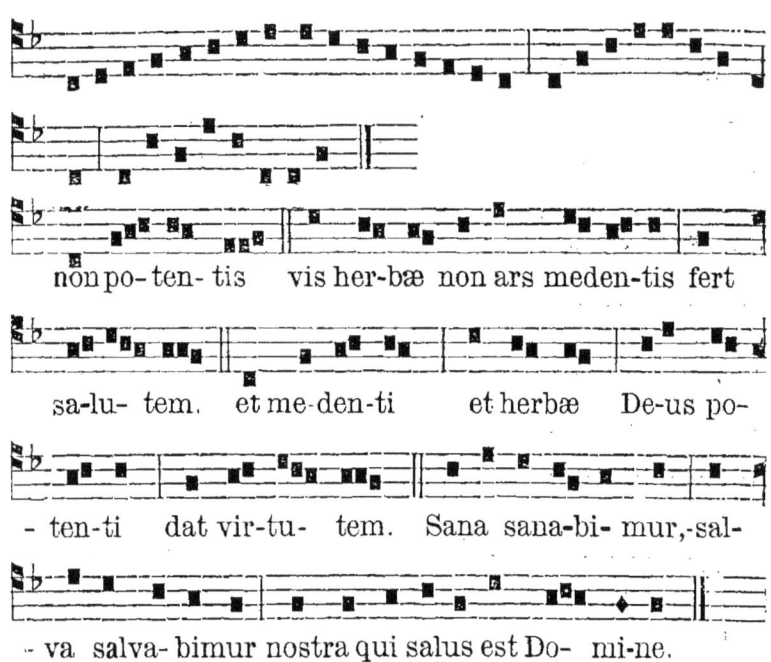

Exercice sur le septième ton.

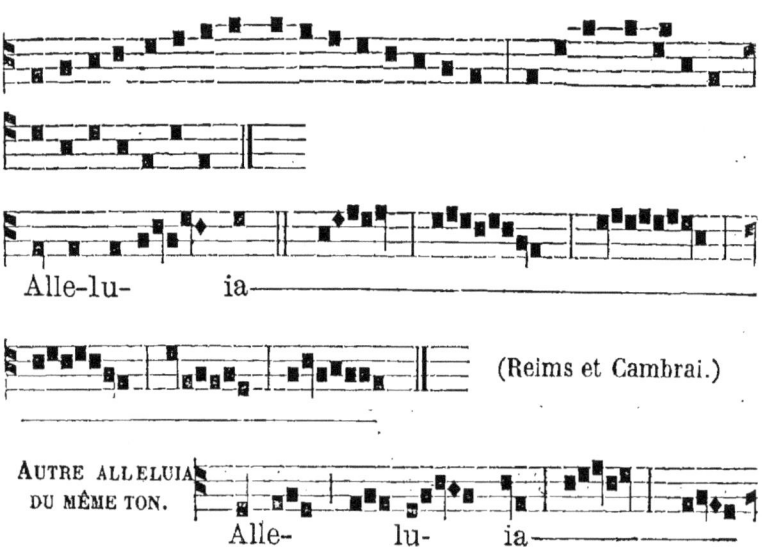

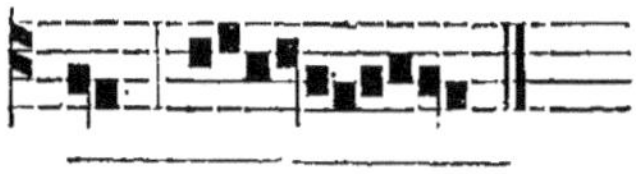

DE LA TONALITÉ DU PLAIN-CHANT. 39

(Chant de Reims et Cambrai.)

Exercice sur le huitième ton.

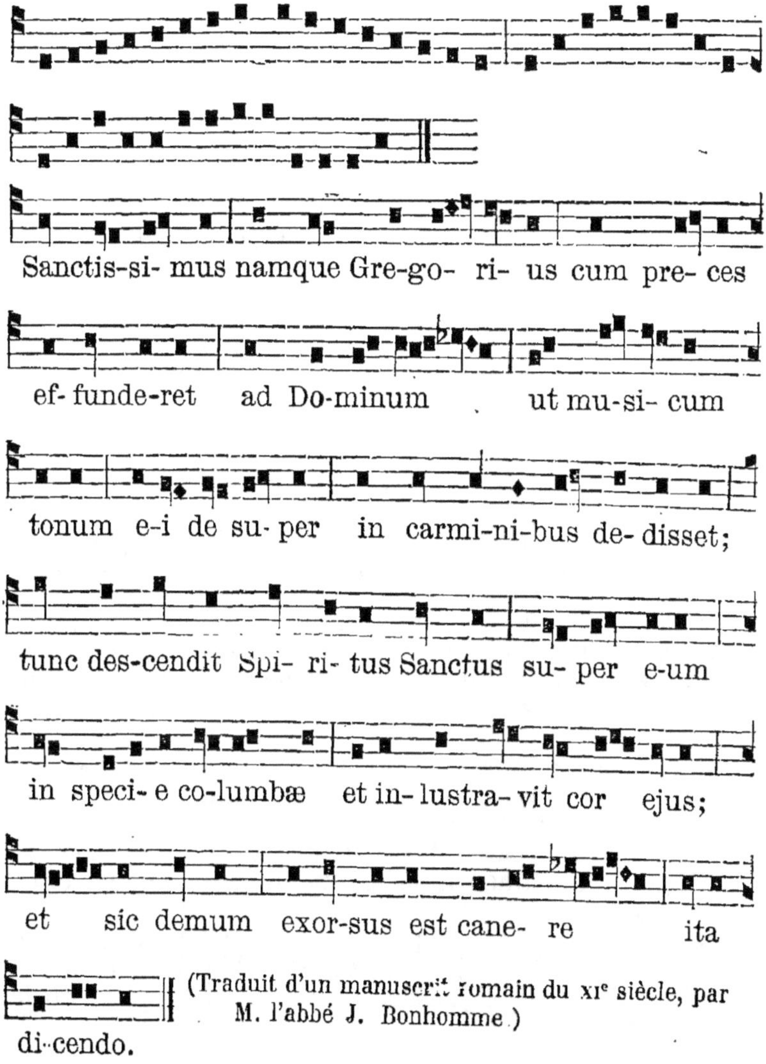

Sanctis-si- mus namque Gre-go- ri- us cum pre- ces
ef- funde-ret ad Do-minum ut mu-si- cum
tonum e-i de su-per in carmi-ni-bus de- disset;
tunc des-cendit Spi- ri- tus Sanctus su- per e-um
in speci- e co-lumbæ et in-lustra-vit cor ejus;
et sic demum exor-sus est cane- re ita
di-cendo.

(Traduit d'un manuscrit romain du xie siècle, par M. l'abbé J. Bonhomme.)

TROISIÈME PARTIE.

DE LA PSALMODIE.

112. Les nombreuses variantes dans les règles établies et suivies pour la psalmodie, dans la plupart des diocèses, avaient d'abord fait hésiter à traiter cette matière dans une méthode applicable à tous les rits; mais bientôt reconnaissant que parmi les règles de la psalmodie, il en est un grand nombre qui sont d'une application générale, on s'est décidé à faire connaître ces règles, en renvoyant aux antiphonaires de chaque diocèse pour les particularités et les variantes qui peuvent s'y rencontrer.

CHAPITRE PREMIER.

De la valeur ou quantité des syllabes.

113. Il est important dans le chant des psaumes ou des cantiques, de donner à chaque syllabe la valeur ou durée qui lui convient et qui est ordinairement déterminée par les règles de la prosodie latine. Comme on suppose que ces règles sont connues suffisamment des lecteurs auxquels cette méthode est destinée, on ne s'en occupera pas ici. Mais la connaissance des règles de la prosodie, ne saurait suffire pour la psalmodie; en effet, telle syllabe est longue en prosodie qui peut devenir brève en psalmodie, telle autre est brève et deviendra longue. Ainsi par ex. dans *super vos*, en prosodie, la syllabe *per* serait longue par position, elle devient brève en psalmodie.

Sūpĕr vōs ; timentĭbūs tē, en prosodie, fait timentĭbŭs tē en psalmodie.

Il y a donc, outre la quantité prosodique, une quantité psalmodique dont il est indispensable de connaître les règles. Ce sont ces règles que l'on se propose de faire connaître ici.

§ 1. *De la valeur ou quantité psalmodique.*

114. On distingue en psalmodie trois espèces de syllabes:

115. 1° La syllabe *accentuée* sur laquelle on appuie for-

tement et qui est ordinairement désignée par un accent dans les livres d'Eglise. ex.: salvátor.

116. 2° La syllabe *longue*, qui se prononce gravement sans appuyer. Elle n'est point désignée dans les livres, nous l'indiquerons ici par le signe (¯), ex. sālvātŏr.

117. 3° La syllabe *brève* qui se prononce rondement. Elle n'est point non plus désignée dans les livres. Nous l'indiquerons ici au moyen du signe (˘), ex. cōnfēssĭŏnēm.

§ 2. *Principes fondamentaux.*

118. 1° La première et la dernière syllabe d'un mot ne sont jamais brèves, excepté dans dē prŏfūndīs.

119. 2° On ne doit jamais admettre deux brèves de suite.

120. 3° Un mot ne peut jamais avoir qu'une seule syllabe accentuée.

121. 4° Il ne doit amais y avoir de suite deux syllabes accentuées.

§ 3. *Règles pour chaque espèce de mots.*

1° *Des monosyllabes.*

RÈGLE GÉNÉRALE.

122. Tout monosyllabe porte l'accent quelle que soit sa quantité prosodique, ex. mé, té, vós.
(Voir les remarques, n° 129.)

2° *Des dissyllabes.*

RÈGLE GÉNÉRALE.

123. La première syllabe d'un mot de deux syllabes doit toujours être accentuée, quelle que soit sa quantité prosodique, ex. Déūs, cárō, túūs, sémēn.

124. NOTA. L'accent sur les monosyllabes et les dissyllabes n'est pas indiqué dans les livres.

3° *Des polysyllabes.*

RÈGLES GÉNÉRALES.

125. 1° La première syllabe d'un polysyllabe est toujours longue quelle que soit sa quantité prosodique (n° 118).

125 *bis.* 2° Dans un polysylabe l'accent est toujours ou sur la pénultième ou sur l'antépénultième, jamais plus loin. Il est sur la pénultième, si cette pénultième est longue de sa nature, ex. dĕōrūm; mais si au contraire, la pénultième est brève de sa nature, l'accent doit toujours être sur l'antépénultième, quelle que soit la quantité naturelle de cette syllabe, ex. Dómĭnūs, vīscérĭbūs, vólŭī.

126. 3° Quant aux syllabes qui sont entre la première et la syllabe accentuée, elles conservent leur quantité prosodique, à moins qu'il n'y ait deux brèves de suite, car alors la première de ces deux brèves doit être considérée comme longue.

127. *Remarques.* L'accent sur les polysyllabes est ordinairement indiquée dans les livres. Néanmoins, on l'omet sur la pénultième, lorsqu'elle est une diphtongue ou est suivie de deux consonnes ou de la consonne double *x*. ex. ādhærēt, ēxaudī, cōntemplāns, d lexı.

On ne l'omet jamais sur l'antépénultième, si ce n'est sur les lettres, capitales ou les lettre *y*, *œ*, ex. Agătha̅, Cœlĭtēs.

4. *Des mots hébreux.*

128. Les mots hébreux ont ordinairement leur accent sur la dernière syllabe. ex: Aarón, Melchisedéch, Abrahám,

Cet accent n'est pas marqué dans les livres.

5. *Remarques sur les monosyllabes.*

129. 1° Si un monosyllabe est lié par le sens au polysyllabe précédent, alors il perd son accent et rend brève la dernière syllabe du mot précédent, quelle que soit la quantité prosodique de cette dernière syllabe; Ex. súpĕr vōs pārátŭs sūm.

130. 2° Si le polysyllabe précédant le monosyllabe est dactylique comme : tıméntĭbūs, génŭı ; l'accent passe de l'antépénultième sur la pénultième bien que la pénultième soit brève de sa nature et que cette accentuation spéciale ne soit pas marquée dans les livres. Ainsi, au lieu de génŭı tē, tıméntĭbūs té; prononcez comme s'il y avait gēnúı̆ tē, tı̆mēntĭbūs tē.

La raison de cette règle, c'est que le monosyllabe étant lié par le sens avec le polysyllabe précédent est considéré comme ne formant avec lui qu'un seul mot et que l'accent ne peut jamais être avant l'antépénultième.

131. 3° Si un monosyllabe, précédé d'un polysyllabe, est suivi d'un autre monosyllabe, alors il devient bref, et l'accent du polysyllabe passe de la pénultième à la dernière syllabe. Exemples: consolátŭs és mé, accentuez: consolatús ĕs mē.

132. 4° Quand deux monosyllabes sont unis par le sens, ou se trouvent devant un repos, il n'y a que la première qui conserve son accent; ex. Māndávıt dé tē, ád t ēDéūs.

133. 5° Lorsqu'un monosyllabe est immédiatement suivi d'un dyssyllabe, il perd son accent; ex. īn Déō, ād éūm.

CHAPITRE DEUXIÈME.
Des règles de la psalmodie.

134. Il y a trois choses à distinguer dans la psalmodie : *l'intonation, la médiation* et la *terminaison.*

§1. *De l'intonation.*

135. On entend par *intonation* la manière de commencer un psaume ou un cantique.

136. L'intonation comprend toutes les notes qui conduisent à la *dominante,* c'est-à-dire à la note sur laquelle roule principalement le chant du psaume ou du cantique.

137. Les intonations sont *liées* ou non *liées.*

138. On appelle intonations *liées* celles dont la seconde note est jointe avec la troisième sur la même syllabe; comme dans le 1er, le 3e, le 4e, le 6e, et le 7e ton. (*)
Voir chapitre suivant, les intonations de ces tons.

139. *Règle.* Lorsque la deuxième syllabe d'une intonation *liée* est brève, on fait la liaison sur la troisième syllabe.

EXEMPLES :

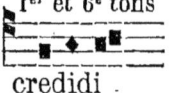  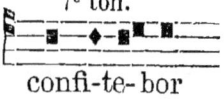

140. On appelle intonations *non liées* celles où il n'y a qu'une seule note pour chaque syllabe; comme dans le 5e et le 8e ton.
Voir au chapitre suivant les intonations de ces tons.

141. *Règle.* Alors même que la deuxième syllabe d'une intonation non liée serait brève, elle compte pour une syllabe et veut sa note particulière dans l'intonation.

EXEMPLE.

142. NOTA. Pour l'intonation des cantiques, voir le tableau du chapitre suivant.

Il n'y a de particularité que pour les 2e et 8e tons.

§ 2. *De la médiation.*

143. La médiation commence à la première note qui s'écarte de la dominante.

(*) Non ligat octavus, seu quintus, sive secundus; verum aliis in quinque notas unire memento.

RÈGLES.

144. 1° Lorsque la première note de la médiation est plus élevée que la note précédente, il n'est jamais permis de commencer la médiation sur une syllabe brève, sur la finale d'un mot ou sur un monosyllabe, mais il faut alors prendre la syllabe précédente : ex. 1ᵉʳ ton régulier (*Voyez* le tableau du chapitre suivant). Dómĭnō méō. On commence la médiation sur la syllabe *do* et non sur la syllabe *mi*.

145. 2° Les notes surmontées d'une petite croix (†) dans le tableau des médiations, doivent toujours se faire sur des syllabes accentuées, et s'il est nécessaire pour cela d'annuler la syllabe suivante en la passant rapidement, il faut l'annuler. (Ex. 7ᵉ ton, facit stérĭlēm ĭn dómō, etc.)

146. 3° Dans les 2ᵉ, 4ᵉ, 5ᵉ et 8ᵉ tons, quand le dernier mot de la médiation est hébreu, grec, indéclinable, ou monosyllabe, comme *Israël, vos, me*, etc., on élève la dernière syllabe de ce mot d'un degré au-dessus de la dominante (*voyez* le tableau).

147. NOTA. Pour la médiation des cantiques, *voyez* le tableau. (Il n'y a de particularité que pour les 2ᵉ et 8ᵉ tons)

§ 3. *De la terminaison.*

148. On entend par *terminaison* la manière de terminer les versets des psaumes et des cantiques.

149. Il y a deux sortes de terminaisons; 1· les terminaisons *incomplètes* qui ne descendent pas jusqu'à la finale de leur mode. On les désigne par une lettre minuscule ex. 7ᵉ ton en *d*.

150. 2° Les terminaisons *complètes* qui aboutissent à la finale de leur mode, on les désigne par une lettre majuscule Ex. 8ᵉ ton en D.

RÈGLES.

151. 1° C'est surtout pour la terminaison qu'il faut bien observer les règles de la quantité psalmodique et de l'accentuation.

152. 2° Il n'est jamais permis de commencer la terminaison sur une syllabe brève, sur la finale d'un mot, ou sur un monosyllabe, à moins que la 1ʳᵉ note de cette terminaison ne soit au-dessous de la dominante. (*Voir* n° 144.)

153. 3° Comme pour la médiation encore, les notes surmontées d'une petite croix, dans le tableau des terminaisons, doivent toujours se faire sur des syllabes accentuées. (*Voir* n° 145.)

DE LA PSALMODIE DU PLAIN-CHANT.

154. Nota. Pour arriver promptement à bien observer les règles qui précèdent, on s'exercera fréquemment à appliquer les paroles des psaumes ou des cantiques sur les notes du tableau suivant. On rencontrera souvent des difficultés pour concilier le sens et l'accentuation des paroles avec le rhythme de la mélodie psalmodique, mais alors, ce sera ordinairement au bon goût qu'il appartiendra de résoudre ces difficultés, et l'important, pour ceux qui doivent chanter ensemble, sera de bien s'entendre à l'avance pour résoudre de la même manière *les mêmes difficultés*.

CHAPITRE TROISIÈME.

Tableau des *intonations*, *médiations* et *terminaisons* des psaumes et des cantiques dans tous les tons, suivant le rit Romain.

155. Nota. On a suivi dans ce tableau la division des tons en deux classes: tons réguliers, et ton irréguliers.

Les lettres *a b c d e f g* et A B C D E F G, servent à désigner la dernière note de la terminaison.

Les lettres majuscules désignent les terminaisons complètes (150).

Les lettres minuscules désignent les terminaisons incomplètes (149).

Les voyelles *e u o u a e* placées sous les terminaisons sont celles des mots *sæculorum amen*.

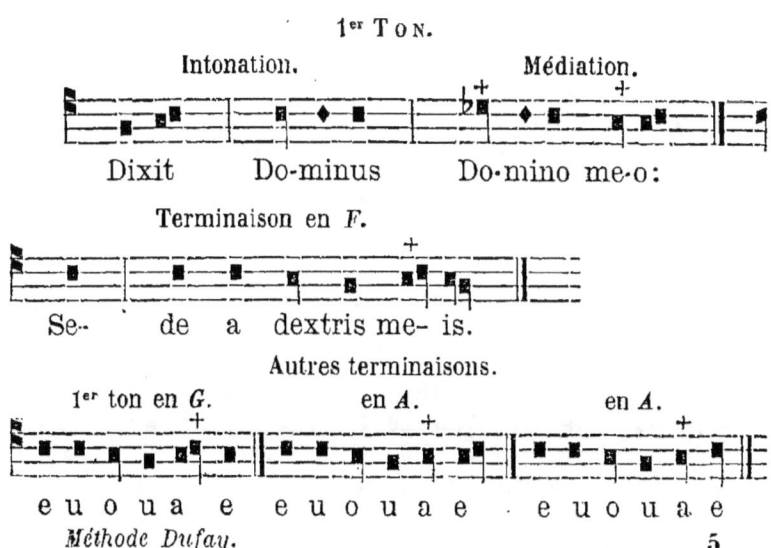

46   DE LA PSALMODIE DU PLAIN-CHANT.

en *J.*   autre en *J.*

e u o u a e   e u o u a e.

Intonation et médiation des Cantiques.

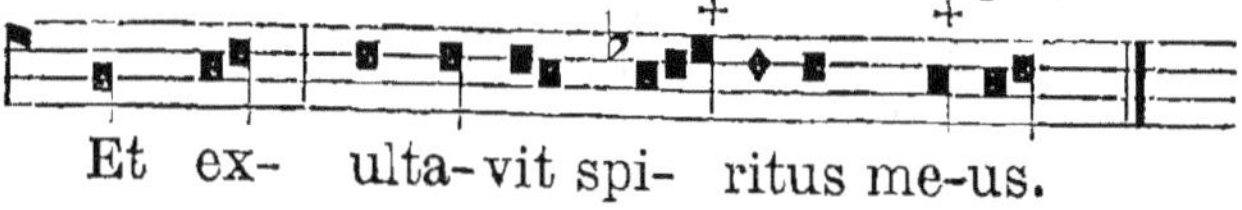

Et ex- ulta-vit spi- ritus me-us.

2ᵉ TON.

Intonation.   Médiation.

Dixit Do-mi-nus Do-mino me- o: Sede a

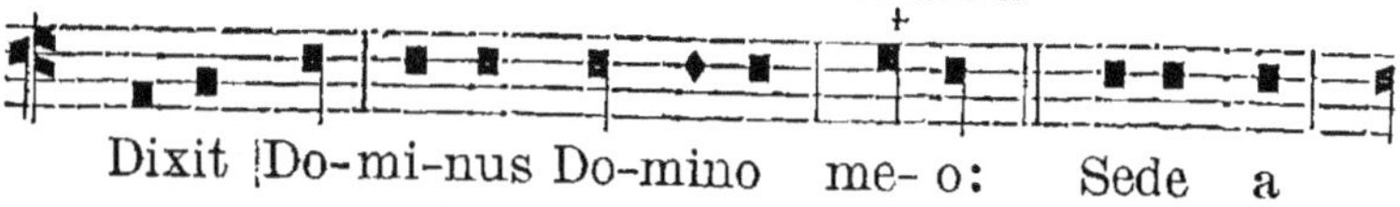

Terminaison en *D.* Unique.

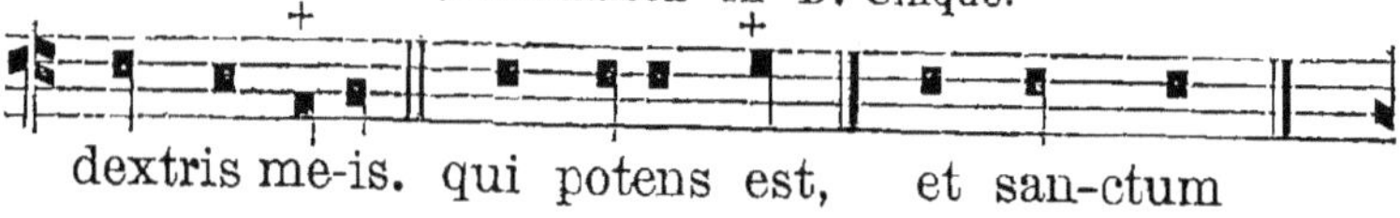

dextris me-is. qui potens est, et san-ctum

Cantiques.

et e-xul- tavit spiri-tus me-us.

3ᵉ TON.

Dixit Domi-nus Domi-no me- o: Sede a dextris

en *C.*   *a.*

me-is.   e u o u a e   e u o u a e

Cantiques.

(*Mêmes intonation et médiation.*)

4ᵉ TON.

Intonation.   Médiation.   Terminaison en *E.*

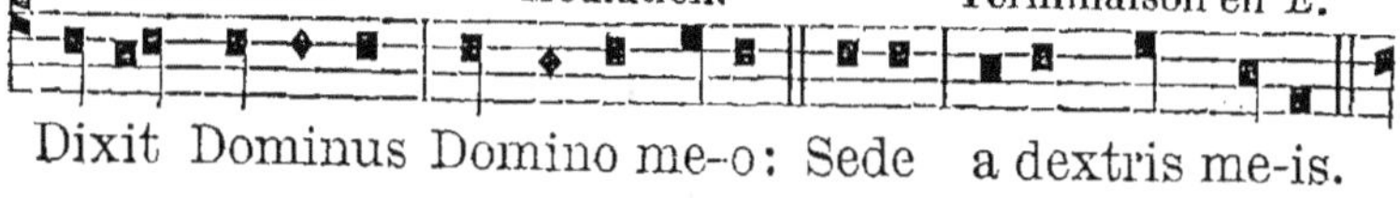

Dixit Dominus Domino me-o: Sede a dextris me-is.

5ᵉ TON.

6ᵉ TON.

7ᵉ Ton.

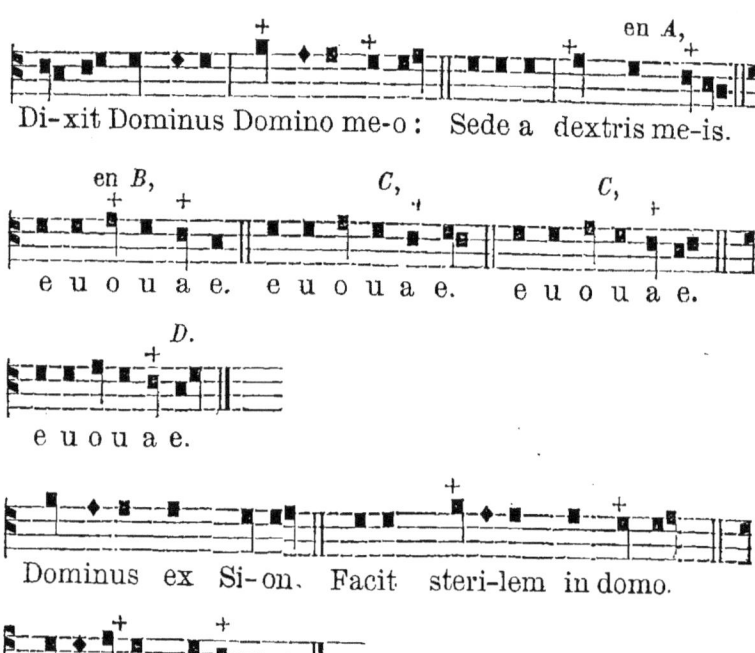

Di-xit Dominus Domino me-o : Sede a dextris me-is.

e u o u a e.   e u o u a e.   e u o u a e.

e u o u a e.

Dominus ex Si-on. Facit steri-lem in domo.

Fi-li-orum lætantem.

8ᵉ Ton.

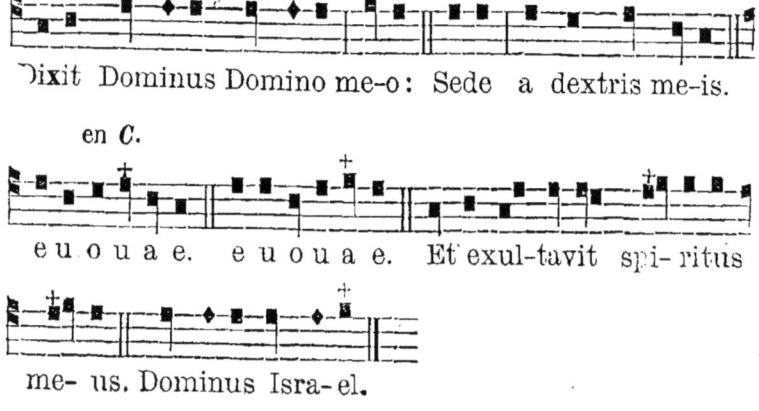

Dixit Dominus Domino me-o : Sede a dextris me-is.

e u o u a e.   e u o u a e.   Et exul-tavit spi-ritus

me- us. Dominus Isra-el.

DE LA PSALMODIE DU PLAIN-CHANT.

1ᵉʳ Ton. — en A.

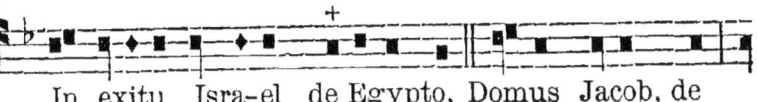
In exitu Isra-el de Egypto, Domus Jacob, de

po-pulo barbaro.

Chant des autres versets.

facta est... sancti-fica-ti-o ejus..... protec-tor e-o-

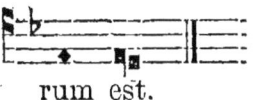
rum est.

2ᵉ Ton. — en A.

Dixit Dominus Domino me-o : Sede a dextris meis.

Fili- o-rum Edom.

5ᵉ Ton. — en C.

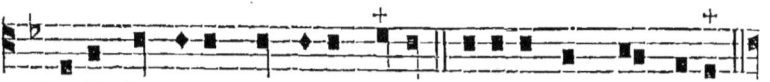
Dixit Dominus Domino me-o : Sede a dextris me-is.

mandavit de te.

6ᵉ Ton. — en C ou 6ᵉ Royal.

Dixit Dominus Domino me-o : Sede a dextris me-is.

QUATRIÈME PARTIE.

DE L'EXÉCUTION DU PLAIN-CHANT.

158. On se plaint de tous côtés, à Paris aussi bien que dans beaucoup de villes de provinces, et dans la plupart des campagnes, que le chant ecclésiastique, à cause de sa mauvaise exécution, éloigne les fidèles de l'église au lieu de les y attirer. C'est qu'en effet, rien n'est plus désagréable que d'entendre le plain-chant martelé, *beuglé* et *braillé* tel qu'il l'est aujourd'hui dans un si grand nombre d'églises. Est-ce à dire que ceux qui sont chargés de son exécution, en ignorent tous les premiers principes? Nous ne le pensons pas. La plupart savent lire couramment les notes du chant et peuvent connaître parfaitement la théorie des modes. Mais toutes ces choses ne suffisent pas, et si l'on chante sans goût, sans application, sans mesure, sans chercher à bien se pénétrer du sens des paroles et des sentiments qu'elles expriment, les mélodies seront toujours dénaturées, on chantera toujours mal.

Et si les clercs laïques auxquels on est malheureusement obligé aujourd'hui de confier presque tout le chant des offices, le mutilent et le massacrent si souvent par leurs voix brutales et discordantes, d'où cela vient-il sinon de ce que la plupart de ceux qui par état devraient pouvoir enseigner les autres, ne savent pas mieux faire eux-mêmes?

Aussi, monsieur l'abbé Marthe, supérieur du grand séminaire de Beauvais, disait il y a quelque temps dans le journal *la Maîtrise* (n° de décembre 1859), qu'il est de la seule puissance du prêtre de réhabiliter les chants chrétiens, que la négligence du jeune lévite sur un point, qui est une partie si importante du culte catholique, est une *négligence coupable*, que ce n'est ni l'esprit ni l'intention, de l'Église d'abandonner à l'unique et inintelligente interprétation d'un simple clerc laïque, les œuvres des saint Ambroise et des saint Grégoire.

C'est pourquoi, on a pensé qu'il serait utile de terminer cette méthode, par une quatrième partie, où l'on traiterait exclusivement de la manière d'exécuter convenablement le plain-chant et des défauts les plus ordinaires à éviter.

Et pour revêtir les conseils qu'on y donne de la plus haute autorité dont ils puissent être revêtus, on a jugé à propos de commencer par citer quelques passages des decrets des conciles provinciaux célèbrés en France depuis une dixaine d'années.

Passages des conciles provinciaux relatifs au chant ecclésiastique. *

« Comme il n'y a rien de plus contraire et de plus nuisible à la discipline ecclésiastique que de traiter dans les églises la divine psalmodie avec mépris et négligence, les curés veilleront à ce que le chant soit exécuté à l'unisson, sans précipitation, ni rapidité, et que le chœur soit dirigé par des hommes exercés dans le chant ecclésiastique, c'est-à-dire, dans le plain-chant. Car ce qu'on chante dans les églises, pour célébrer les louanges de Dieu, doit être autant que possible chanté de façon à instruire le peuple, en ce sens, que grâce à une expression inspirée par la prière et la dévotion, les auditeurs puissent s'élever vers Dieu et vers les choses célestes. » (Concile de Soissons; Tit. III, Chap. 7.)

« Que le chant soit exécuté fidélement et dignement; dit le concile d'Albi; que ce soit le plain-chant, qu'il ne soit ni précipité, ni criard, et qu'il ne sente en rien la cantilène profane. — (Concile d'Albi, Tit. IV, déc. 3.)

« Le plain-chant est vraiment et proprement le chant ecclésiastique; il a été institué et il est merveilleusement adopté pour élever les auditeurs jusqu'au culte de Dieu, jusqu'à la piété et la ferveur. Que les curés empêchent la précipitation, une trop grande rapidité ou une trop grande lenteur; et qu'ils prennent garde aux voix discordantes et déréglées qui font disparaître toute mélodie. Qu'ils prennent soin d'obtenir que par une exécution modeste et calme, l'âme de ceux qui chantent se nourrissent de la douceur des textes, et que les oreilles de ceux qui écoutent aient le charme d'entendre prononcer. (Conc. de Bordeaux; Tit. II. chap. 5.)

« Les Évêques, les curés et ceux qui desservent les églises n'oublieront point que le chant ecclésiastique contribue puissamment à la solennité de l'office divin... etc. C'est pourquoi le concile de Trente (Session XXII, decret concernant la messe) a décrété que les élèves des séminaires apprendraient le chant ecclésiastique.... Dans les séminaires, tous recevront fréquemment des leçons de chant, afin que les clercs, une fois parvenus au sacerdoce et appelés à la direction d'une église, puissent établir des écoles de chantres, et qu'ils ne dédaignent pas d'y présider, à l'exemple de saint Grégoire-le-Grand...

« Il faut empêcher cette intempérance et ce tumulte déplacé de sons, qui font disparaître les mots et délectent les oreilles d'une manière frivole ou dangereuse. Bien loin de porter les fidèles aux saintes affections de la piété, ce genre de musique afflige et fait fuir les vrais adorateurs que Dieu recherche. (Conc. de Toulouse ; Tit. xi, chap. 1er.)

« Le concile provincial, considérant combien l'exécution religieuse et soignée du chant grégorien procure aux fidèles de charme et d'utilité, désire extrêmement que tous, par une pieuse émulation, se fassent gloire d'y prendre part. En conséquence, il ordonne et il prescrit à tous les curés de former, soit par eux-mêmes, soit par d'autres, des jeunes gens capables de chanter et de psalmodier correctement.... On repoussera ces modes de musique profane, qui détournent l'âme des choses pieuses pour la porter à des affections mauvaises ou hors de propos....

La musique, d'après l'exemple de l'auteur inspiré des psaumes, peut être reçue dans les temples et admise à louer Dieu, mais seulement celle qui a le don d'élever les cœurs en haut et d'enflammer la piété. C'est pourquoi il faut absolument observer le decret du concile de Trente, qui prescrit d'éloigner des églises ces morceaux qui, rendus soit par des voix, soit par l'orgue, respirent quelque chose de voluptueux et d'impur (sess. xxii,) et se rappeler en outre les recommandations de Benoît xiv, qui désire que les exécutants ne fassent rien entendre de profane, de mondain, ni de théâtrale. » (Concile de Clermont ; Tit. iv, decr. 1.)

« Pour chanter des hymnes et des psaumes, nous avons, dit saint Augustin, les leçons, les exemples et les préceptes de Notre Seigneur lui-même et des apôtres. Par conséquent, dès le principe, a été introduite dans le monde chrétien la coutume de chanter et de psalmodier qui plus tard fut approuvée par les Pères et les conciles. Certainement le chant ecclésiastique ne contribue pas médiocrement à la splendeur du culte divin et à l'élévation des âmes vers Dieu ; mais comme dans les meilleurs choses la négligence ou les abus s'introduisent, le concile d'Auch prescrit d'observer à l'avenir ce qui suit :

1° Sur le modèle des écoles d'enfants de chœur annexées aux églises cathédrales, les curés auront soin de former autant que possible un chœur de jeunes gens ou d'enfants à l'aide du quel, toute vaine affectation étant soigneusement écartée, on puisse propager parmi les fidèles la pratique du chant d'Église.

II°. . . . .

III°. Que les chants soient graves, pieux et distincts, appropriés à la Maison de Dieu et aux divines louanges, afin que les mots soient compris et que les auditeurs se sentent portés à la piété. Les Maîtres de chœur ne permettront pas que dans les hymnes, psaumes et autres parties du saint Office, on introduise indiscrétement quelque nouvelle manière de chanter, contraire à la simplicité et à la majesté du chant ecclésiastique.

IV°. . . . .

v° Le plain-chant, conformément à son nom, doit être simple et facile; toute manière de chanter molle et voluptueuse sera donc écartée. »
(Concile d'Auch; titre III, chap. 7.)

160. On a pu voir en lisant ces remarquables paroles des Conciles qu'elles portent principalement sur quatre points ;

1° Sur la mesure, le mouvement à donner au chant.
2° Sur la prononciation.
3° Sur l'expression.
4° Sur le ton de chœur.

Nous allons successivement traiter ces quatre points importants, dans les quatre chapitres qui suivent.

CHAPITRE PREMIER.
De la mesure ou du mouvement à donner au chant.

161. Le plain-chant n'étant pas soumis comme la musique à mesure rigoureuse, on n'a rien dit de la mesure dans la partie théorique de cette méthode. Il reste donc à dire ici quel mouvement il faut donner au chant.

162. Parmi les chants adoptés dans les différents diocèses, on distingue les chants à notes égales, comme le chant parisien, et les chants à notes inégales comme le chant de Rheims et Cambrai.

163. Dans le chant à notes égales, il faut donner à peu près la même valeur, à chaque note de même espèce; en prenant pour unité la carrée, qui est la note la plus ordinaire, la note à queue vaut un et demi et la brève un demi. La mesure pour ce chant peut se battre à deux temps la carrée vaut deux temps, la note à queue trois temps, la brève un temps. Mais il faut toujours se rappeler en exécutant ce chant, que le rhythme du plain-chant diffère complètement de celui de la musique, et par conséquent se garder de donner à chaque note une durée rigoureusement égale et surtout de frapper trop fortement chaque note pour les détacher les unes des autres, car alors le plain-chant devient lourd, monotone, insupportable. Ainsi, par exemple, il est important de faire sentir plus fortement les notes placées sur des syllabes accentuées et lorsqu'il y a plusieurs notes placées sur une même syllabe, il est

bon de passer, de *couler* plus légèrement sur cette suite de notes, en appuyant seulement un peu plus sur les notes principales du morceau, et notamment sur la dominante. De cette manière, on donne à l'exécution plus de vie et de mouvement et l'on fait disparaître autant que cela est possible la monotonie naturelle du chant à notes égales.

164. Dans le chant à notes inégales, il faut suivre, pour la valeur des notes, les indications qu'on donne ordinairement en tête des éditions.

Mais là encore, il faut qu'il n'y ait rien de trop absolument déterminé; autrement on détruirait l'expression, les nuances sans lesquelles les plus belles mélodies du chant se trouvent dénaturées et deviennent fatigantes.

Il importe aussi, surtout dans le chant à notes inégales, de bien observer les pauses ordinairement indiquées par des barres et qui servent à séparer les différentes phrases d'une même mélodie.

165. Quand au chant mesuré proprement dit, comme celui de certaines hymnes et de presque toutes les proses, il est le seul qui admette une mesure rigoureuse.

166. Une pièce de chant mesuré se divise ordinairement en petites portions égales en durée, séparées par des barres et auxquelles on donne le nom de mesure.

167. Chaque mesure se compose de 2, de 4, ou de 3 temps qui se battent comme il suit :

Mesure à deux temps.
Lever . 2

Frapper 1

Mesure à trois temps.

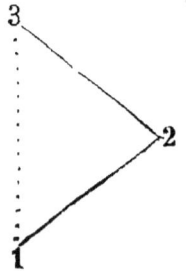

Mesure à quatre temps.

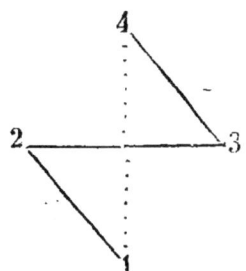

168. Dans la mesure à deux temps la double note vaut la mesure entière ou deux temps.
La carrée vaut un temps.
La brève un demi-temps. Exemples :

169. Dans la mesure à quatre temps la double note vaut quatre temps.
La carrée vaut deux temps.
La brève un temps.
La demi-brève un demi-temps.
La longue ou carrée pointée trois temps. Exemples :

Nota. La semi-brève est toujours précédée d'une brève pointée et qui vaut alors un temps et demi, en sorte que les deux notes, la brève pointée et la semi-brève, valent ensemble deux temps.

170. Dans la mesure à trois temps :
La carrée vaut deux temps.
La brève un temps.
La carrée avec queue ou seulement avec point vaut trois temps. Exemples :

171. Enfin quel que soit le genre de mesure qu'il faille donner à un morceau, qu'on n'oublie jamais que le chant ecclésiastique, comme le prescrivent les conciles, ne doit jamais être précipité, rapide, léger, mais au contraire tou-

jours pieux, grave, distinct, afin que les mots soient facilement compris et que les auditeurs se sentent portés à la piété.

172. Quant à la lenteur plus ou moins grande qu'il convient de donner au chant, on comprend facilement que cela dépend du degré des fêtes et de la nature des différentes pièces de chant.

Ainsi, par exemple, les antiennes et les psaumes doivent marcher avec une certaine rondeur : les introïts, communions et les offertoires demandent à être chantés plus gravement que les autres parties de la messe.

D'ailleurs on ne saurait ici donner des règles positives. C'est au bon goût de celui qui conduit le chœur qu'il appartient de déterminer dans chaque circonstance ce qui est le plus convenable.

CHAPITRE DEUXIÈME.

De la prononciation.

173. C'est le vœu des conciles que ceux qui écoutent le chant aient le charme d'entendre prononcer les paroles. Mais trop souvent ce vœu est si peu rempli, qu'à moins de savoir par cœur les paroles de la liturgie, les fidèles sont à peu près dans l'impossibilité de suivre les paroles du chant. Il est donc de la plus grande importance pour ceux qui étudient le chant ecclésiastique de se former à une bonne prononciation. Or, pour bien prononcer il y a des moyens à prendre, des défauts à éviter. On va indiquer ici brièvement ceux qui paraissent plus importants.

174. 1° Il faut prévoir ce qu'on aura à chanter, lire attentivement au moins une fois les paroles, surtout s'il s'agit d'une pièce de chant, d'un psaume, d'un hymne qu'on n'a pas encore eu l'occasion d'exécuter. Sans cette précaution, quelque habile qu'on soit dans la lecture du latin, on pourra se trouver embarrassé à la rencontre d'un mot un peu long, difficultueux, d'un emploi peu fréquent, on écorchera ce mot, on le brouillera, ainsi que cela arrive souvent.

175. 2° Il ne faut pas se borner à prévoir la lecture des mots au point de vue seulement de la prononciation des syllabes dont ils se composent; mais il faut encore prévoir la quantité psalmodique de ces syllabes, surtout dans les psaumes ou dans les hymnes, afin de ne pas s'exposer à faire brèves des syllabes longues ou accentuées, et *vice versâ*.

3° Si l'on sait le latin, il est très-utile de prévoir aussi le sens des paroles qu'on doit chanter, afin de faire les pauses convenablement, et de ne pas lier ensemble des mots qui sont naturellement séparés par le sens, alors même qu'ils ne le sont pas par un point ou par une virgule. C'est en prenant cette précaution qu'on pourra éviter de chanter d'une manière ridicule, comme ceux qui disent :

Depotentes de— sede. Gloria Patri et — Filio, Da robur fer — auxilium.

177. 4° On évitera soigneusement de changer le son des voyelles *a, e, i, o, u,* en y ajoutant des voyelles étrangères, comme font ceux qui prononcent *œ* ou *ao* ou *ou* pour *a, ei* pour *i, eu* pour *u.* On comprend que cette manière de prononcer en changeant le son des voyelles rend le chant insipide en même temps qu'elle peut rendre le sens des paroles impossibles à saisir.

178. 5° On évitera de faire varier le son d'une même voyelle, lorsqu'elle porte plusieurs notes, comme font ceux qui, ayant un *o* à prononcer, prononcent *ou*, en haut de la gamme et qui, à mesure qu'ils descendent changent insensiblement *ou* en *o*, et finissent par faire entendre le son de *â* long, lorsqu'ils arrivent en bas de la gamme. C'est ainsi encore que dans le chant du *Kyrie* où la voyelle *e*, porte un assez grand nombre de notes, il faut éviter de donner à l'*é* presque le son de l'*i*, lorsqu'on est dans le haut de la gamme et de lui donner au contraire le son de l'*è* ouvert, ou de l'*a*, à mesure que l'on descend.

179. 6° Dans la manière d'articuler les consonnes, il faut éviter le défaut de ceux qui prononcent *b* pour *p, d* pour *t, z* pour *s.* — *Diez iræ, diez illa* pour *Dies iræ, dies illa; Breces mcæ non zunt dignæ* pour *Preces meæ non sunt dignæ.* Ce n'est qu'en articulant fortement les consonnes, que l'on peut parvenir à se faire entendre, surtout si l'on chante dans une église un peu vaste et élevée; et grâce à ce moyen, des voix même assez faibles se font souvent mieux entendre que de très-fortes voix qui ne produisent que des bruits sourds, inarticulés, ne ressemblant en rien à des chants, encore moins à des paroles.

180. 7° On évitera aussi avec soin de ne faire sentir l'*m* final, comme dans *Dominum,* qu'au moyen des lèvres; de ne point prononcer, par exemple, comme s'il y avait *Dominon me,* cette manière de chanter du nez est fort désagréable.

181. 8° Lorsqu'il y a un hiatus, c'est-à-dire, lorsqu'un mot commence par la voyelle qui termine le mot précédent, comme dans *ille erat,* il ne faut pas confondre les deux mots par une liaison, mais au contraire, les séparer

par un court repos, dire, par exemple, *ille erat* et non *ill'erat*.

182. 9° Quand une syllabe terminée par une consonne sensible, comme dans *alma, sanctus*, est chargée de plusieurs notes, il ne faut faire sentir la consonne que sur la dernière note. Ainsi il ne faudrait pas dire, al, al, al, alma, mais a, a, a, a, alma. — Dans ce cas, on doit aussi éviter de détacher chaque note en aspirant fortement, ainsi dans *alma* on ne dira pas ha ha ha halma, mais on coulera doucement d'une note sur l'autre, en sorte que le 2ᵉ *a* puisse être considéré comme le prolongement du 1ᵉʳ et ainsi de suite :

183. 10° Enfin on évitera encore avec grand soin de chanter du nez ou de la gorge, comme font ceux qui contrefont leur voix naturelle, la forcent surtout en certains endroits, sur certaines syllabes, ou elle leur semble plus belle et plus sonore.

CHAPITRE TROISIÈME.

De l'expression ou de l'accent à donner au chant.

184. C'est encore dans les conciles que nous avons cités plus haut, que nous trouvons les règles les plus sages relatives à l'expression qu'il convient de donner au chant ecclésiastique.

« Les mélodies pieuses, dit le concile de Toulouse, ont le mérite d'aider l'homme à produire plus aisément des actes de foi, d'amour, de prière et de repentir et à les sentir plus profondément. » Mais selon le concile de Soissons, ces heureux effets ne peuvent avoir lieu que grâce à une expression inspirée par la prière et la dévotion. Il résulte de cet enseignement des conciles, que pour bien chanter les mélodies grégoriennes, indépendamment de la justesse des sons, du rythme convenable et de la bonne prononciation, il faut d'abord avoir l'accent de la prière.

Il serait bien difficile sans doute de donner des règles positives sur cette matière. La meilleure et la plus sûre de toute c'est d'agir avec esprit de foi; les chants de l'Église ne sont pas des chants quelconques soumis aux caprices de la mode, mais l'œuvre inspirée de grands et saints Pontifes qui les ont légués à l'Église, les paroles de la lithurgie sont les paroles même de la sainte Écriture ou des saints Pères, et pénétrer dans le sanctuaire pour y chanter les louanges de Dieu et le prier en public, c'est mêler sa voix aux concerts des anges et bénir celui qu'ils n'adorent qu'en tremblant. Ainsi inspiré par l'esprit de foi, et bien convaincu de l'importance du chant, de l'influence qu'il peut exercer sur l'esprit et le cœur des fidèles, on éprouvera bientôt soi-même tout ce que peuvent inspirer de sentiments pieux, les mélodies grégoriennes, et l'on comprendra que bien chanter, ce n'est pas chanter fort, faire beaucoup de bruit, mais prier; et que, comme c'est l'âme qui prie, il faut pour bien chanter, laisser son âme s'épancher naturellement, sans effort; alors on ne chantera plus sans suivre le sens des paroles et des mélodies, on saura donner une expression de joie ou de tristesse, de peine ou d'amour, aux morceaux qui devront exprimer ces sentiments. On comprendra enfin, si on ne l'a jamais bien compris, que rien n'est comparable en musique, à la sublimité des mélodies grégoriennes.

CHAPITRE QUATRIÈME.

Du ton de chœur.

185. On entend par *ton de chœur*, un ton de voix ni trop haut, ni trop bas, une dominante proportionnée aux voix dont le chœur se compose, ou au degré de solennité des offices, et à laquelle on conforme les dominantes de tous les morceaux que l'on doit chanter.

186. Comme il entre dans l'esprit de l'Église que la pratique du chant se propage parmi les fidèles, il est fort à désirer que les maîtres de chapelle choisissent toujours pour ton de chœur une dominante qui puisse convenir à la majorité des fidèles, surtout pour les parties de l'office qui varient le moins et que les fidèles peuvent plus facilement apprendre de mémoire comme le chant du *Kyrie*, du *Gloria in excelcis;* etc., à la messe, et aux vêpres celui des psaumes, des hymnes, etc.

187. Nous avons quelquefois entendu dans de grandes solennités, les fidèles mêler leur voix au chœur et nous n'avons jamais pu imaginer de concert plus imposant que celui de ces milliers de voix d'hommes, de femmes, d'enfants se réunissant pour chanter les louanges du Seigneur; or ces sortes de concerts, si propres à émouvoir saintement les cœurs, à les porter à la contemplation des choses spirituelles, à l'amour de Dieu et des vérités divines, se renouvelleraient certainement plus souvent si l'on songeait davantage à mettre le chant à la portée des fidèles et non pas seulement à celle de ces grosses voix de basse-taille qui ne savent et ne peuvent que si fort rarement donner au chant l'accent et l'expression qui lui conviennent.

188. Les deux dominantes de chœur qui paraissent le plus convenir à la généralité des voix, sont la dominante *si*, ou la dominante *la*, selon le degré de solennité des offices.

189. *Manière de ramener tous les tons à la même dominante.*

Pour ramener un mode quelconque à une dominante donnée, on cherche d'abord la dominante de ce mode, puis au moyen du diapason ou de tout autre instrument, on prend le ton de la dominante que l'on veut donner à la pièce de chant, et l'on chante ce ton fourni par le diapason, en y appliquant le nom de la note qui sert de dominante au mode qu'il s'agit de transposer. — Soit par ex., le 7ᵉ mode dont la dominante est RÉ, à ramener à la dominante LA — je prends le *la* du diapason et sur ce ton de LA, je chante RÉ, comme si le diapason au lieu de donner le LA donnait réellement le RÉ.

FIN.

Procédés TANTENSTEIN 8 *rue Neuve-des-Poirées*

QUESTIONNAIRE.

Nota. Le n° qui suit chaque question indique le n° du texte où se trouve la réponse.

PREMIÈRE PARTIE
De la notation du plain-chant.

1. Comment peut-on définir le *plain-chant*. (1.)
2. Pourquoi le plain-chant s'appelle-t-il *chant de chœur? chant ecclésiastisque? chant grégorien? chant Romain? plain-chant?* (2.)
3. Que savez-vous de l'origine du plain-chant?
4. Quels sont les signes dont-on se sert pour écrire le plain-chant? (4.)
5. Qu'entend-on par *notes*? (5.)
6. Combien y a-t-il de sortes de notes, et dites leur valeur. (6.)
7. Comment les anciens désignaient-ils les sons? (7.)
8. A quoi servent aujourd'hui les lettres A, B, C, etc., dans le plain-chant? (8.)
9. Qu'appelle-t-on *portée*? (9.)
10. Comment compte-t-on les lignes de la portée? (10.)
11. Qu'appelle-t-on *lignes supplémentaires*? (11.)
12. Qu'appelle-t-on *clefs*, à quoi servent-elles? (15.)
13. Quel nom donne-t-on à la note placée sur la même ligne que la clef? (13.)
14. Combien y a-t-il de clefs? (14.)
15. Où se place la clef d'*ut* ou de *do*? (15.)
16. Où se place la clef de *fa*? (16.)
17. Combien y a-t-il de signes accidentels? — Quels sont ils? (18.)
18. A quoi sert le *dièse*? (19.)
19. A quoi sert le *bémol*? (20.)
20. A quoi sert le *bécarre*? (23.)
21. Où se place le *dièse*? (19.)
22. Où se place le *bémol*? (20.)
23. Pourquoi trouve t-on quelquefois le *bémol* devant le *mi*? (20.)
24. Où se place le *bémol continuel*? (21.)
25. Où se place le *bémol accidentel*? (22.)
26. Qu'appelle-t-on *barres*? (54.)
27. Combien y a-t-il de sortes de barres? (25.)
28. Qu'est-ce que le *guidon*? (26.)

QUESTIONNAIRE.

29. Qu'appelle-t-on *gamme*? (27.)
30. D'où vient le mot *gamme*? (27.)
31. Qu'est-ce qu'un *son* ou *degré*? (29.)
32. Qu'appelle-t-on *intervalles*? (30.)
33. Combien y a-t-il d'intervalles dans la gamme? (31.)
34. Quels noms donne-t-on aux différents intervalles de la gamme? (32.)
35. Les intervalles entre une note quelconque et sa suivante sont-ils tous égaux? (34.)
36. Comment appelle-t-on les intervalles de *do* à *ré*, de *fa* à *sol*, de *sol* à *la*, de *la* à *si*? (35.)
37. Comment appelle-t-on les intervalles de *si* à *do*, de *mi* à *fa*? (37.)
38. De combien de tons et de demi-tons se compose la gamme? (37.)
39. Les intervalles de seconde, tierce, etc., sont-ils toujours aussi grands? (38.)
40. Quels sont les intervalles de *seconde majeure*? (39.)
41. — — — de *seconde mineure*? (40.)
42. — — — de *tierce majeure*? (41.)
43. — — — de *tierce mineure*? (42.)
44. — — — de *quarte juste*? (43.)
45. — — — de *triton* ou *de quarte augmentée*? (44.)
46. Pourquoi le triton est-il appelé *diabolus in musica*? (44.)
47. Comment évite-t-on le triton? (45.)
48. Quels sont les intervalles de *quinte juste*? (46.)
49. — — — de *quinte diminuée*? (48.)
50. De quoi se compose la *quinte juste*? (47.)
51. — — la *quinte diminuée*? (49.)
52. Quels sont les intervalles de *sixte majeure*? (50.)
53. — — — de *sixte mineure*? (50.)
54. De quoi se composent les intervalles de sixte majeure et de sixte mineure? (50.)
55. De quoi se compose l'intervalle d'octave? (53.)
56. Combien y a-t-il de gammes différentes? quel nom leur donne-t-on? (54.)
57. En quoi ces gammes diffèrent elles entre elles? (55.)
58. D'où provient la diversité des caractères des différentes gammes? (56 *bis*.)

DEUXIÈME PARTIE

De la tonalité du plain-chant.

59. Combien y a-t-il de *modes* ou *tons* dans le plain-chant? (58.)
60. Quel est le caractère de chaque ton? (58.)

QUESTIONNAIRE.

61. Qu'appelle-t-on *mode* ou *ton*? (59.)
62. Qu'est-ce que la *finale d'un ton*? (60.)
63. Qu'entend-on par *dominante*? (61.)
64. Qu'entend-on par *étendue d'un ton*? (62.)
65. Quelle est l'étendue de chaque ton? (63.)
66. Qu'appelle-t-on *mode ou ton parfait*? (64.)
67. Qu'appelle-t-on *ton imparfait*? (65.)
68. Qu'appelle-t-on *ton surabondant*? (66.)
69. — — *ton mixte*?
70. — — *ton authentique*? (68.)
71. Quels sont les tons authentiques? (68.)
72. De quoi se compose la gamme d'un ton authentique? (70.) donnez des exemples? (70.)
73. Montrez l'origine des gammes plagales. (71.)
74. Quels sont les tons plagaux? (71.)
75. Quelle est la finale de chaque ton authentique? (73.)
76. Donnez les finales de tous les tons authentiques. (73.)
77. Quelle est la finale de chaque ton plagal? (73.)
78. Donnez les finales de tous les tons plagaux. (73.)
79. Connaissant la finale d'un ton soit authentique soit plagal, que fait-on pour voir la gamme de ce ton? (74.) donnez des exemples.
80. Quelle est la règle des dominantes pour les tons authentiques? (75.)
81. Pourquoi le *si* et le *fa* ne peuvent-ils être pris pour dominante? (75.)
82. Quelle est la règle à suivre pour trouver la dominante d'un ton plagal? (76.)
83. Quels sont les tons qu'on appelle irréguliers? (79.)
84. Quel ton a formé *le 1er ton irrégulier*? (80.)
85. — — *le 2e ton irrégulier*? (80.)
86. — — *le 4e ton irrégulier*? (80.)
87. — — *le 5e ton irrégulier*? (80.)
88. — — *le 6e ton irrégulier*? (80.)
89. Pourquoi le *onzième ton* n'a-t-il pas formé de ton irrégulier? (81.)
90. Combien y a-t-il de tons irréguliers? (82.)
91. Par quel moyen a-t-on fondu les six derniers tons avec les six premiers? (84.)
92. Qu'entend-on par *transposition* d'une gamme? (84.)
93. Montrez comment le 9e ton a formé le 1er ton irrégulier. (85.)
94. Que signifie la dénomination de ton en A? (86.)
95. Quelles sont la finale et la dominante d'un ton irrégulier lorsqu'il a été transposé? (87.)
96. Comment le 10e ton a-t-il formé le 2e ton irrégulier? (89.)
97. Quelle est la finale du 2e ton irrégulier? (89.)
98. Quelle est la dominante du 2e ton irrégulier? (89.)

99. Comment le 12ᵉ ton a-t-il formé le 4ᵉ ton en B? (90.)
100. Comment a été formé le 4ᵉ ton irrégulier en A? (91.)
101. Pour quelle raison a-t-on fait un 4ᵉ ton en A du quatrième ton en E? (92.)
102. Comment le 5ᵉ ton irrégulier a-t-il été formé? (94.)
103. Comment le 14ᵉ ton a-t-il formé le 6ᵉ ton irrégulier? (95.)
104. Que faut-il penser de l'usage de multiplier les dièses et les bémols dans le plain-chant, et de les mettre indifféremment devant presque toutes les notes de la gamme? (96.)
105. Quelle est la règle générale pour l'usage du bémol? (97.)
106. Comment se fait-il que l'on trouve quelquefois le bémol devant le *mi*? (97.)
107. Dans quels cas le bémol se place-t-il devant le *si*? (98, 99, 100.)
108. Quelle est la règle générale pour l'usage du dièse? (101.)
109. Que faut-il penser des dièses placés devant *do* et *sol*? (101.)
110. Quel est le cas unique où le dièse peut se mettre devant le *fa*? (102.)
111. Pourquoi le dièse ne peut-il jamais être qu'accidentel? (103.)
112. Quelle est la règle générale de l'usage du bécarre? (104.)
113. Quels sont les cas où le bécarre se place devant le *si* (105,)
114. Résumez les conseils à suivre dans l'étude et la préparation d'une pièce de chant? (107 et suivants).

TROISIÈME PARTIE

De la psalmodie du plain-chant.

115. La connaissance des règles de la prosodie latine est elle suffisante pour déterminer la quantité ou valeur des syllabes dans la psalmodie? (113.)
116. Combien distingue-t-on d'espèces de syllabes en psalmodie (114.) Quelles sont-elles? (115, 116, 117.)
117. Quels sont les principes fondamentaux de la quantité psalmodique? (118, 119, 120, 121.)
118. Quelle est la règle générale pour les *monosyllabes*? (122.)
119. Quelle est la règle générale pour les *dissyllabes*? (123.)
120. Quelle est la valeur psalmodique de la première syllabe d'une *polysyllabe* ou mot de plus de deux syllabes? (125.)

QUESTIONNAIRE.

121. Où se place l'accent dans un polysyllabe? (125.)
122. Dans un polysyllabe quelle est la valeur des syllabes qui se trouvent entre la première syllabe et la syllabe accentuée? (126.)
123. Dans quel cas l'accent est-il ou n'est-il pas marqué sur les polysyllabes dans les livres d'Église? (127.)
124. Sur quelle syllabe les mots hébreux ont-ils leur accent? (128.)
125. Lorsqu'un monosyllabe est lié par le sens au polysyllabe qui le précède immédiatement, que devient son accent? (129.)
126. Si le polysyllabe qui précède un monosyllabe est dactylique, que devient l'accent de ce polysyllabe? (130.) Quelle est la raison de cette règle? (130.)
127. Que devient l'accentuation lorsqu'un monosyllabe précédé d'un polysyllabe est suivi d'un autre monosyllabe? (131.)
128. Quand deux monosyllabes sont unis par le sens, où se met l'accent? (132.)
129. Que devient l'accent d'un monosyllabe suivi immédiatement d'un dissyllabe? (133.)
130. Combien de choses y a-t-il à distinguer dans la psalmodie? (134.)
131. Qu'entend-on par *intonation?* (135.)
132. Quelles notes comprend l'intonation? (136.)
133. Qu'appelle-t-on *intonations liées?* (138.)
134. Qu'appelle-t-on *intonations non liées?* (140.)
135. Quelle est la règle à suivre dans les intonations liées? (136.)
136. — — — dans les intonations non liées? (141.)
137. Où commence la médiation? (142, 143, 144.)
138. Quelles sont les règles de la médiation? (145, 146, 147.)
139. Qu'entend-on par *terminaison?* (148.)
140. Combien y a-t-il de sortes de terminaisons? (149.) Quelles sont-elles? Comment les désigne-t-on? (149, 150.)
141. Quelles sont les règles à suivre pour les terminaisons? (151, 152, 153.)

QUATRIÈME PARTIE

De l'exécution du plain-chant.

142. Quelle est la cause principale de la mauvaise exécution du plain-chant dans les églises? (158.)
143. Donnez une analyse des textes des derniers conciles provinciaux, relatifs au chant ecclésiastique? (159.)

144. Quels sont les points sur lesquels portent principalement les prescriptions des conciles? (160.)
145. Le plain-chant est-il soumis comme la musique à une mesure rigoureuse? (163.)
146. Quelle mesure faut-il observer dans l'exécution du chant à notes égales? (163.)
147. Comment peut-on éviter la monotonie du chant à notes égales? (163.)
148. Que faut-il observer dans la mesure du chant à notes inégales? (164.)
149. La mesure du chant mesuré proprement dit est-elle une mesure rigoureuse? (165.)
150. Comment se divise une pièce de chant mesuré? (166.)
151. De quoi se compose chaque mesure? (167.)
152. Comment se bat la mesure *à 2 temps?* (167.)
153. — — — *à 4 temps?* (167.)
154. — — — *à 3 temps?* (167.)
155. Quelles sont les valeurs des différentes notes dans la mesure à 2 temps? (168.)
156. — — dans la mesure à 4 temps? (169.)
157. — — dans la mesure à 3 temps? (170.)
158. Quelle règle doit-on suivre pour la lenteur plus ou moins grande qu'il convient de donner au chant? (172.)
159. Que faut-il éviter pour avoir une bonne prononciation? (173, 174 et suivants.)
160. Quelle est la règle la meilleure et la plus sûre pour l'expression qu'il convient de donner au chant? (184.)
161. Qu'entend-on par *ton de chœur?* (185.)
162. Sur quoi les maîtres de chapelle doivent-ils principalement se guider dans le choix de la dominante de chœur? (186.)
163. Comment pourra-t-on parvenir à propager la pratique du chant parmi les fidèles? (186, 187.)
164. Quelles sont les deux dominantes les plus convenables, selon le degré de solennité des offices? (188.)
165. Comment ramène-t-on un ton quelconque à une dominante donnée? (189.)

TABLE DES MATIÈRES

DE LA SCIENCE
THÉORIQUE ET PRATIQUE
DU PLAIN-CHANT
Par M. l'abbé A. DUFAY

Avertissement. III

Première Partie. 1
Écriture ou notation du plain chant.

Chap. I. Définition ; Origine du plain-chant. . . . . . . *Ibid.*
Chap. II. Des signes du plain-chant. 2
Chap. III. De la gamme. 5

Deuxième Partie. 16
De la tonalité du plain-chant.

Chap. I. Notions générales. . . . . *Ibid.*
Chap. II. Théorie des tons. 17
Chap. III. Des signes accidentels dans le plain-chant. . . 28
Chap. IV. Exercices. 30

Troisième Partie. 40
De la psalmodie.

Chap. I. De la valeur ou quantité des syllabes. . . . . *Ibid.*
Chap. II Des règles de la psalmodie. 43
Chap. III. Tableau des intonations, médiations et terminaisons
    selon le rit Romain. 45

Quatrième Partie. 50
De l'exécution du plain-chant.

Chap. I. De la mesure ou du mouvement à donner au chant. 53
Chap. II. De la prononciation. 56
Chap. III. De l'expression ou de l'accent à donner au chant. 58
Chap. IV. Du ton de Chœur. 59
Questionnaire. . . . . , ... 61

EXTRAIT DU CATALOGUE.

RECUEIL DE SEIZE MOTETS, avec accompagnement d'orgue, par M. G. Jouve, chanoine de Valence ; 10 fr. Se vendent séparément.

1. O crux, ave	1 25	9. Panis angelicus.	1 50
1. Pange lingua.	1 25	10. O filii et filiæ.	1 50
3. Verbum caro.	1 25	11. Stabat Mater.	2 »
3 bis. Tantum ergo genitori, genitoque, Laudate Dominum.		Motets pour la Ste. Vierge.	
		12. Sub tuum.	1 50
4. Tantum ergo.	1 25	13. Litanies à la Ste. Vierge.	4 »
5. Ecce panis, à 4 voix.	1 25	14. Magnificat.	1 50
6. Lauda Sion (*Rentrée*).	1 25	15. Regina Cœli.	1 50
7. Lauda Sion (*Marche*).	1 50	16. Laudate Dominum omnes gentes	1 50
8. Panis angelicus.	1 50		

CINQ O SALUTARIS, avec accompagnement d'orgue ; par M. E. G. Jouve, chanoine de Valence ; 1 vol. grand in-8° jésus. . . 3 »

MESSE SOLENNELLE à trois voix, soprano et basse, ténor, *ad libitum*, suivie d'un *O Salutaris*, avec accompagnement d'orgue ; deuxième édition ; par M. l'abbé E.-G. Jouve, chanoine de Valence ; partition et partie séparée, 1 beau vol. gr. in-8° jésus. . . 6 »

MESSE DE DUMONT, avec accompagnement d'orgue et pièces d'orgue en faux-bourdon, par A. Méreaux ; gr. in-8°. . . 2 »

MESSE SOLENNELLE du premier ton de Henri Dumont, harmonisée en faux-bourdon, pour 3 ou 4 voix, avec accompagnement d'orgue, par Ch. Pollet ; professeur de musique ; gr. in-8. . . 2 »

ORDINAIRE DE LA MESSE de la Sainte Vierge et du Très-Saint-Sacrement, avec accompagnement d'orgue ; par Bogaërs et Duval ; in-4. 4 »

MESSE à trois voix d'hommes, avec accompagnement d'orgue, par Kienzl ; partition avec accompagnement et les 3 parties. . . 6 50

EXPLICATION DES NEUMES, ou Anciens Signes de notations musicales, pour servir à la restauration complète du Chant grégorien, avec des Tableaux de comparaison, extraits d'un manuscrit du XI° siècle ; par M. l'abbé Raillard ; 2 vol. in-8°. . . 8 »

MORCEAUX DU GRADUEL, traduits sur les manuscrits de Saint-Gall et de Worms ; par M. l'abbé Raillard, in-8°. . . 2 »

RECUEIL DE CHANTS RELIGIEUX ; par M. l'abbé Raillard ; in-8°. 2 »

LE PLAIN-CHANT accompagné au moyen des notions les plus simples réduites à cinq formules harmoniques, suivie d'un *Dictionnaire des Mots* dont l'usage est le plus fréquent dans cet ouvrage et dans les planches qui l'accompagnent ; par Dalmière ; un joli vol. in-8. 6 80

DOUZE CANTIQUES à une, deux, trois ou quatre voix, avec accompagnement d'orgue ; par Léon Dalmière ; 1 vol. in-8. . . 3 »

ALBUM D'UN ORGANISTE CATHOLIQUE, recueil de morceaux de musique d'orgue pour l'*Offertoire*, l'*Élévation*, la *Communion* et la sortie des offices, etc. ; par Grosjean de St-Dié ; 2 v. in-4° oblong, net, *franco*. 13 »

LE PLAIN-CHANT, REVUE MENSUELLE DE MUSIQUE SACRÉE, ANCIENNE ET MODERNE, 1860 ; 4 vol. gr. in-8, Texte et Musique, 12 »
1861, 4 volumes. . . 10 »

LA PAROISSE, REVUE LITURGIQUE, CANONIQUE, LITTÉRAIRE ET ARCHÉOLOGIQUE, paraissant le 15 de chaque mois, 148 pages gr. in-8° jésus, par an. . . 6 »

GRADUEL ET VESPÉRAL ROMAIN, 2 v. in-12, 8 fr. *franco*. 10 »
Les mêmes, reliés, 10 fr. . . 12 »
Les mêmes, 2 vol in-4°. 24 fr. . . 28 »
Les mêmes, 2 vol. in-4° reliés. 30 fr. . . 34 »
Ces 2 vol. peuvent servir de lutrin dans les petites paroisses.

EXTRAIT DU CATALOGUE. 3

LE NOUVEAU PAROISSIEN DES FIDÈLES D'APRÈS LE MISSEL ET LE BRÉVIAIRE
ROMAINS, contenant les *Offices généralement autorisés par la Cour de
Rome*, compris ceux nouvellement placés dans le calendrier, augmenté des Épîtres et des Évangiles en français, du Chemin de la
Croix, de l'Office de la Vierge, etc.; à l'usage de tous les Diocèses qui
suivent le rit romain. Approuvé par l'autorité ecclésiastique. 2e édition, 1 joli vol. in-18. Prix net, 1 25, relié proprement. 2 25
LE MÊME, gaufré, doré sur tranches, en chagrin depuis 4 fr. à
MISSALE DEFUNCTORUM, nouvelle et belle édition, gr. in-4, papier
glacé, 4 fr.; relié en noir, filets dorés 6 »
MESSE DES MORTS, Noblet in-12. » 50
LA SCIENCE ET LA PRATIQUE DU PLAIN-CHANT, par Dom Jumilhac,
1 magnifique vol. gr. in-4, glacé, 50 fr., net, hors de France. 30 »
DIVERS MODES DE CHANT des *Psaumes, des Libera, Pater*, des *Introït*
et du *Te Deum*, etc., gr. in-8, par M. Niedermeyer 2 50
LES HUIT TONS DE LA PSALMODIE GRÉGORIENNE, mis en faux-bourdon,
avec le chant à la partie supérieure, par l'abbé Alix, in-8. 1 80

RECUEIL DE QUINZE MOTETS au saint Sacrement, à la sainte
Vierge et à saint Joseph, à 1, 2, 3 et 4 voix, avec accompagnement
d'orgue, par l'abbé Alix, chapelain de Sainte-Geneviève, gr. in-8. 7 50
RECUEIL DE CANTIQUES A LA SAINTE VIERGE, à une, deux, trois
voix égales, harmonisé par A. Kunc, maître de chapelle de la cathédrale d'Auch, 1 beau vol. gr. in-8 50
RECUEIL DE VINGT CANTIQUES, disposés à quatre parties,
d'après de très anciennes mélodies italiennes, avec accompagnement
d'orgue, par M. de La Page, grand in-8, Jésus 10 »
Chaque morceau se vend séparément, prix net 1 25

1. Puissance et bonté de Dieu
2. Oubli de notre Âme
3. Gloire de Notre Sauveur
4. Beauté du Ciel
5. Louange à Dieu
6. Sentiments de Componction
7. Le saint Nom de Jésus
8. Naissance de Jésus
9. Naissance du Christ
10. La Passion
11. La Vierge p. in. Croix
12. Au Sacré Cœur
13. Préparation à la Mort
14. Le Pêcheur converti
15. A Marie Notre Mère
16. A l'Ange Gardien
17. Fuite du Monde
18. Naissance de Marie
19. Venez à l'Autel
20. Folie des Hommes

AMOUR AU SACRÉ CŒUR DE JÉSUS, renfermant 50 morceaux, dont la
moitié sur le Sacré Cœur et le reste sur le Sacrement, avec accompagnement d'orgue, par l'abbé Crets, un vol. gr. in-8, Jésus 8 »

RECUEIL DE ONZE CANTIQUES, à trois voix, avec accompagnement
d'orgue ou de piano, par M. C. Jouve, chanoine, net 1 50
Chaque morceau se vend séparément.
1. Allons parer le sanctuaire 50
2. Au sacré Cœur de Jésus 50
3. Qu'ils sont aimés 50
4. Esprit saint (1) 50
5. Esprit saint (2) 1 »
6. Action de grâce 50
7. Souvenez-vous 50
8. Compliment pour une mère 50
9. Bienfaits et Gloire de Marie 50
10. Jurons tout à Marie 50
11. Tout l'univers est plein de ta magnificence 50

Imprimé par Charles Noblet, rue Soufflot, 18.

www.ingramcontent.com/pod-product-compliance
Lightning Source LLC
LaVergne TN
LVHW021002090426
835512LV00009B/2017